DUCK Typenhandbuch Entenhausener Autos

1937 bis heute

AF716406

COMIC COLLECTION

EGMONT

„DUCK Typenhandbuch Entenhausener Autos 1937 bis heute“

Originalausgabe

Übersetzungen der Geschichten: Peter Daibenzeiher, Dr. Erika Fuchs, Fabian Gross, Gudrun Penndorf M.A., Sérgio Presta, Gerlinde Schurr, Gudrum Smed-Puknatis u.a.

© 2017 Disney Enterprises, Inc.
Deutschsprachige Ausgabe erschienen in der
Egmont Comic Collection
verlegt durch Egmont Verlagsgesellschaften mbH,
Alte Jakobstr. 83, 10179 Berlin

1. Auflage
Verantwortlicher Redakteur: Fabian Gross
Lettering: Michael Möller
Gestaltung: Wolfgang Berger
Koordination: Theresa Lindenstruth
Printed in the EU (675274)
ISBN 978-3-7704-3953-9

Alles rund um Entenhausen:
www.egmont-comic-collection.de

FSC www.fsc.org MIX Papier aus verantwortungsvollen Quellen FSC® C002795

Die Egmont Verlagsgesellschaften gehören als Teil der Egmont-Gruppe zur **Egmont Foundation** – einer gemeinnützigen Stiftung, deren Ziel es ist, die sozialen, kulturellen und gesundheitlichen Lebensumstände von Kindern und Jugendlichen zu verbessern. Weitere ausführliche Informationen zur Egmont Foundation unter **www.egmont.com**

Inhalt

313
Das Auto.

Wer durch Entenhausen fährt, bemerkt es schnell: Die Bürger unserer schönen Stadt haben eine besondere Beziehung zu ihren fahrbaren Untersätzen. Unsere Automobilindustrie, geprägt von großen Visionen und außerordentlicher Innovationskraft, bringt stetig ganz besondere Fahrzeuge hervor, die von ihren Besitzern nicht nur benutzt, sondern geliebt werden. Denn sie verfügen über eine wichtige Eigenschaft: Persönlichkeit. Nehmen wir den 313 unseres Mitbürgers Donald Duck. Dieses Gefährt besitzt vielleicht keinen modernen Schnickschnack wie Antiblockiersystem, Sitzheizung oder Rückspiegel. Doch unter der rostigen Motorhaube schlägt ein Herz! Es hat Charme, wirkt verspielt und ist ein echter Kumpeltyp. Auch wenn es seinen Besitzer häufig zur Weißglut treibt, wenn es mal wieder auf dem Weg zu einem wichtigen Termin liegenbleibt – Donald hat seinem Auto letztendlich immer die Treue gehalten und nichts deutet an, das sich dies je ändern könnte. Denn der 313 ist Fahrzeug und Freund in einem. Feiern wir also diesen kleinen Wunderwagen und alle anderen Autos, die durch Entenhausen kurven! In diesem Buch präsentieren wir einige der – Verzeihung für diesen Kalauer – abgefahrensten Modelle aus unserer Automobilproduktion. Möge Entenhausen auch in Zukunft ein Ort der Kreativität bleiben, an dem Genie und Wahnsinn zusammenstoßen!

Ein Grußwort von Radalbert Rasfroh, Vorsitzender des **d**auerrotierenden, **u**nfallerprobten **C**lubs der **K**raftfahrzeugfreunde Entenhausens

Im Kurzfilm *Don Donald*, der am 9. Januar 1937 in die Kinos kam, fuhr Donald erstmals ein kleines rotes Cabrio. Ab Juli 1938 tauchte es im Donald Duck-Zeitungsstrip von Bob Karp (Autor) und Al Taliaferro (Zeichner) auf. Taliaferro gab dem Gefährt sein endgültiges Aussehen und stattete es am 22. März 1940 mit dem Kennzeichen 313 aus.

Der 313 ist ein einzigartiger Anblick im Entenhausener Straßenbild. Aber handelt es sich bei ihm um ein wahres Unikat oder nur um den Letzten seiner Art? Die Faktenlage ist unklar. So beschrieb Carl Barks in der Story *Im Land der Vulkane* den Wagen als Flickwerk aus allerlei Einzelteilen. Der Titel eines Ölgemäldes, das er 1984 zeichnete, identifiziert den 313 hingegen als *A 1934 Belchfire Runabout* – also doch ein Fabrikmodell? Laut der Story *Das Geheimnis des 313* von Fabio Michelini und Massimo De Vita erstand Donald sein treues Gefährt bei einem Gebrauchtwagenhändler in Mexiko – und zwar bei den Dreharbeiten zum Kurzfilm *Don Donald*, an dem er „in Wirklichkeit“ als Schauspieler mitwirkte!

Auch in seinem Doppelleben als Superheld Phantomias leistet der 313 Donald treue Dienste. Zwar mag er nicht ganz so edel sein wie das Batmobil oder James Bonds Aston Martin, steht diesen legendären Wagen aber in punkto Gadgets, die Gangster das Fürchten lehren, in nichts nach. Erfindergenie Daniel Düsentrieb macht's möglich!

EINE SEELE VON AUTO

Wir haben gerade den Schulbus verpasst!
Da wird Fräulein Fuchtig wieder zur Furie! Bitte hilf uns!
Verlasst euch auf mich und den guten alten 313.
Was sag ich? Der schickt jeden Raserati in Rente!
DRRRRRRING!
BREMS!
Danke, Onkel Donald!
Und wo du schon mal in der Stadt bist, könntest du...
...doch die Liste abarbeiten mit allem, was so anliegt.
Wie vorausblickend von euch, dass ihr sie dabeihabt.
Ein wenig fühle ich mich mit der Liste überlistet.
WROMM!

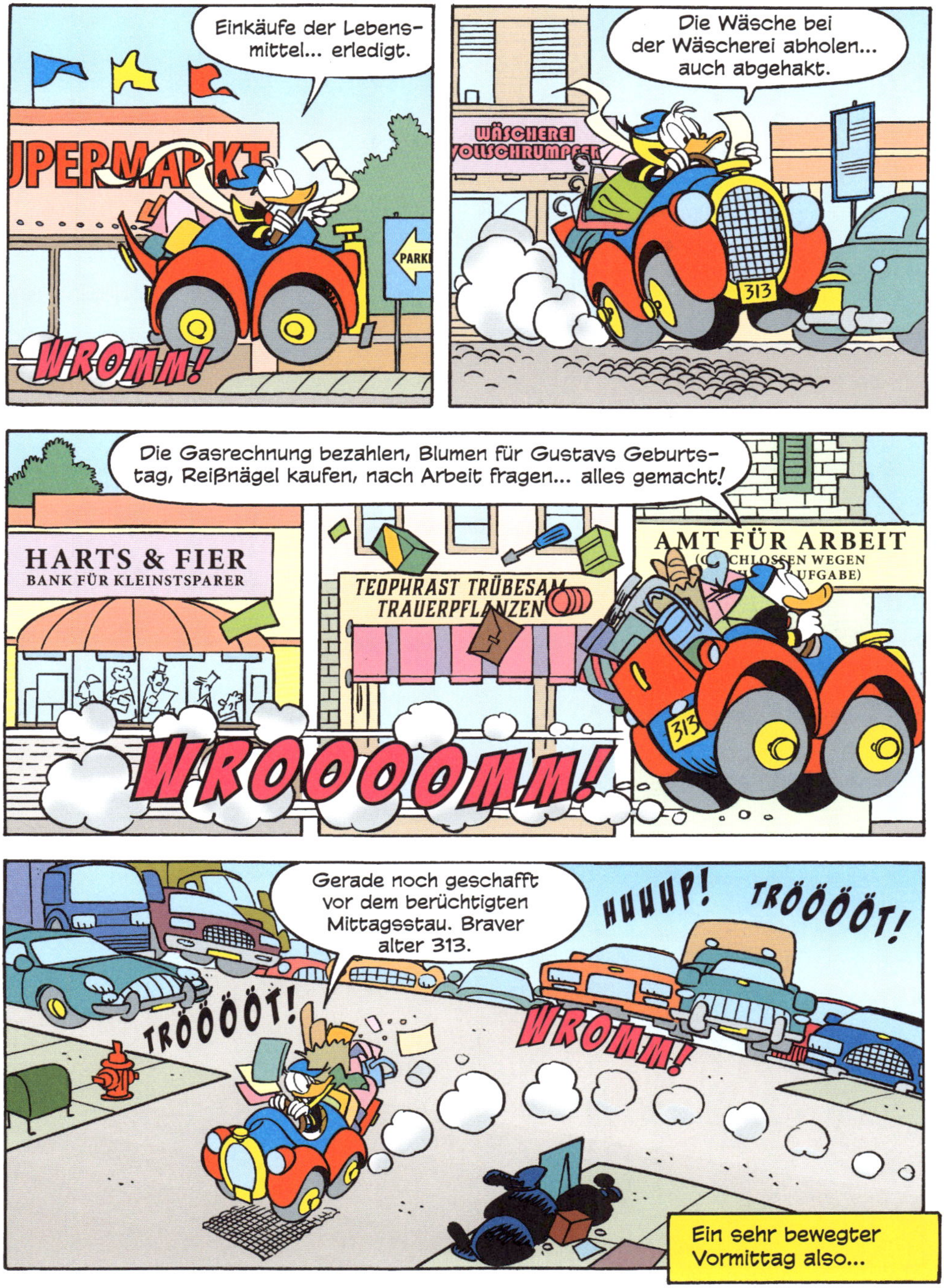
Einkäufe der Lebens-
mittel... erledigt.
WROMM!
Die Wäsche bei
der Wäscherei abholen...
auch abgehakt.
313
Die Gasrechnung bezahlen, Blumen für Gustavs Geburts-
tag, Reißnägel kaufen, nach Arbeit fragen... alles gemacht!
HARTS & FIER
BANK FÜR KLEINSTSPARER
AMT FÜR ARBEIT
WROOOOMM!
313
Gerade noch geschafft
vor dem berüchtigten
Mittagsstau. Braver
alter 313.
HUUUP!
TRÖÖÖÖT!
TRÖÖÖÖT!
WROMM!
Ein sehr bewegter
Vormittag also...

Doch der Nachmittag lässt sich auch nicht lumpen...
Wie lautet denn der Auftrag, Agent Donald?
Eine berechtigte Frage...
Ausschau halten nach den Schergen der Gegenseite, Agent Dussel!
Dann sollten wir aber da lang linsen.
Man wendet sich verwundert und...
Da sind welche, die sehen nach Gegenseite aus, finde ich.
Die beiden sind Agenten des DGD*!
Du meinst, sie waren welche, hehe!
Uack!
*Duck'scher Geheimdienst
Man winkt uns mit einem Platz auf der Wolke.
KLICK!
Aber das weisen wir ganz entschieden zurück!
STOMP!
Au!
Uff!
WITSCH!

Ab durch die Mitte!
Hinterher! Sie dürfen uns nicht entwischen!
KFUMP!
WROMM!
Du, die heften sich an unsere Fersen!
Ist kein Drama, Dussel.
Auch darauf haben wir eine Antwort. Eine, die sich tüchtig gewaschen hat.
SCHLORPS!
313
Und zwar mit Schmierseife, die ja zu den Straßenbelägen gehört, die Autofahrer schnell mal zum Schäumen bringen.
Kreuzdonnerschlag-nocheins!
SCHWIRR!
KRACH!

Wagen 12, wir sind auf dem Zwiebelring! Nehmen wir sie in die Zange!
Gleich haben wir sie abgehängt, Dussel!
Ja, die hinter uns schon, aber...
WROARR!
...was ist mit denen vor uns?
Pah! Über so einem Problem steht unsereiner doch.
KLACK!
Halt!
Wie findest du den Trick mit den Teleskop-achsen?
SPROIIIING!
Erhebend! Um nicht zu sagen, der Hammer!

So ähnlich fühlt es sich für unsere Verfolger an.
KARACHO!
Jetzt fahren wir in aller Gemütsruhe zum Geldspeicher und erstatten Bericht.
Onkel Dagobert wird zufrieden sein.
WUPP!
313
Wir haben uns gekonnt und kostenfrei aus der Affäre gezogen.
Wir? Na ja... stimmt!
Mein 313 und ich haben gute Arbeit geleistet!
DD
313
Und auch die Nacht hat es in sich...
Stöhn! Ein Einsatz jagt den andern. Auf den nächsten könnte ich lebhaft verzichten.

Hilfäääää! Phantomias!
Na gut, einer geht noch.
!
Haha! Wo der Turboterror tobt, bleibt kein Auge trocken!
Hätte ich damals bloß den Pilotenschein gemacht!
WILLIFROH WIESELWOHL
DER FRÖHLICHE WERTTRANSPORT
Runter mit dem Transporter, du Turbotorfkopf!
Eigentlich wollt ich ihn ja noch weiter raufbringen...
WOOOOSCH!
WITSCH!
Aaah!

...aber wenn dir so daran liegt, bitte!
KLACK!
WILLIFROH WIESELWOHL DER FRÖHLICHE WERTTRANSPORT
Uack!
WOMM!
Uups! Die Kiste ist zu schwer.
Uaaah!
WUSCH!
BDOING!
Aber zum Glück hat Herr Düsentrieb meinen 313 mit Rundum-Airbags ausgestattet.
BDOING!
BDOING!
BDOING!

Jetzt knöpfe ich mir diesen Überschall-schurken vor, dass es scheppert!
ZAWUSCH!
Du hast nicht zufällig vor, dich mit mir anzulegen?
Was spricht dagegen?
Genügt das für den Anfang als Antwort?
KLACK!
ZIBBS!
Oha!
KLACK!
DONK!
Ich gebe zu, das bringt mich ein wenig vom rechten Weg ab.

Grundgütiger! Meine Innereien stehen Kopf!
WRRRMMM!
Ich hab heute noch einiges vor, da kann ich keinen Supermoralapostel brauchen, der mir im Weg rumsteht!
Ich tu's nicht gern, aber mit Vergnügen!
KLACK!
Irgendwas sagt mir, dass ich im Moment nicht wirklich Herr der Lage bin.
ZAPP!
ZAPP!
ZAPP!
ZAPP!
ZAPP!
Das muss ich ändern. Aber womit? Mit dem Strahlenschild? Dem Raketenretournierer?
Nein, mit den Reißnägeln, die ich heute Morgen gekauft hab!

Turbotriebwerke haben was gegen Kleinteile, hehe!
313-X
Wie?
KLACK!
KLACK!
KLACK!
Was zum Kuckuck... o nein!
313-X
KRÄTSCH!
RASSEL!
RÖCHZ!
Sieht so aus, als hätte sich dein Feuerstuhl verschluckt! Guten Flug wünsche ich noch!
Das zahl ich dir heiiiiiiiiim!
Fischt den Fiesling aus dem Bach, eh er uns vor die Fische geht.
BLUBB!
BLUBBER!
Ist gut, Phantomias!
RÖLPS!

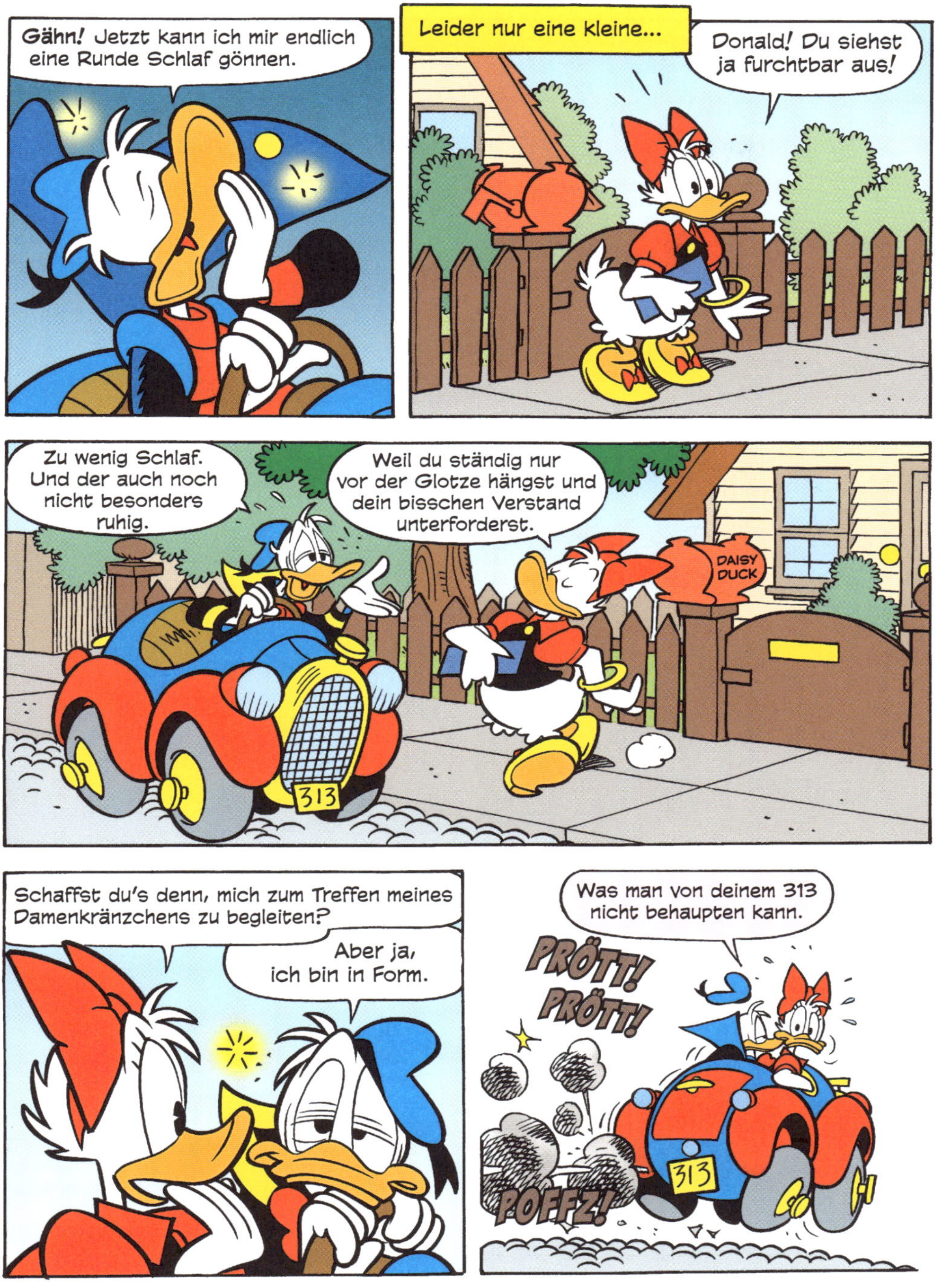
Gähn! Jetzt kann ich mir endlich eine Runde Schlaf gönnen.
Leider nur eine kleine...
Donald! Du siehst ja furchtbar aus!
Zu wenig Schlaf. Und der auch noch nicht besonders ruhig.
Weil du ständig nur vor der Glotze hängst und dein bisschen Verstand unterforderst.
DAISY DUCK
313
Schaffst du's denn, mich zum Treffen meines Damenkränzchens zu begleiten?
Aber ja, ich bin in Form.
Was man von deinem 313 nicht behaupten kann.
PRÖTT! PRÖTT!
POFFZ!
313

Damenkränzchen
Haben Sie die Güte, Ferdinand, und setzen Sie einen Fußbreit vor.
Freifrau von Fein hält heute einen Vortrag zum Thema gute Manieren!
Hrmpf.
KLONG!
He?
Ja, Scheibenkleister!
PLATSCH!
Den Vortrag hält sie aber nicht aus eigener Erfahrung!
BONK!
Wer legt mir nur diese Frechheiten in den Mund?
WROMM!

Und was hat dich geritten? Geheimwaffen haben im Alltag nichts verloren!
313
Ich geb den Brief für Onkel Dagobert ab, danach soll dich Herr Düsentrieb durchchecken.
Der Empfänger residiert im einundvierzigsten Stock. Ich hoffe, der Aufzug ist nicht gerade außer Betrieb.
P
Doch, ist er. Und das bleibt er auch vorerst!
Heut ist nicht mein Tag.
AUFZUG-SERVICE
Ich hasse Treppen. Und ich wünschte, es gäbe einen anderen Weg. Aber da ist...

...kein...
BAMM!
...aaaah!
BROOOAMM!
Hat Herr Duck die Dokumente geschickt?
Ich erwarte jeden Augenblick, dass der Bote klopft.
Ha?
KLOPF! KLOPF!
Aber...
Der Herr Direktor wünscht einen guten Morgen und prompte Bearbeitung!
Sagen Sie, kann man so ein Wunderwägelchen irgendwo kaufen?
Nein, das ist ein Prototyp! Ich mache gerade die ersten Probefahrt... äh... flüge!
WOSCH!

Aber behalten Sie für sich, was Sie gesehen haben! Hier geht es um Hochgeheimes, wissen Sie?
313
Nämlich um die Identität von Phantomias, verflixt!
BRZZ!
BIEP! BIEP!
KLICK!
Hoffentlich komme ich ungeschoren zu Herrn Düsentrieb.
313
Und hoffentlich findet er raus, wieso meine Spezialausrüstung mit einem Mal verrücktspielt!
313
Bald...
D. DÜSENTRIEB ERFINDER
...und ich hab ganz bestimmt keine Knöpfe gedrückt!
Tja, technisch gesehen ist alles in bester Ordnung, Herr Duck.
313

Aber da ist nicht nur die Ausrüstung für den DGD, da sind noch andere, seltsam bekannte Dinge!
Die, äh... stammen von Phantomias! Für den Notfall.
Falls sein Wagen mal streikt... und da wir doch Freunde sind, hilft man natürlich gern.
Er weiß nicht mehr, dass er das alles selbst eingebaut hat.
Und jetzt braucht's wieder ein Vergissmeinschnell oder sogar eine Vergiss-Alles-Pille, damit er vergisst, was er sieht.
Wenn das so ist, gibt es eine einfache Erklärung.
Genau wie jeder Fahrer hat auch jedes Fahrzeug...
...seine ganz eigene Persönlichkeit!
He? Was machst du denn plötzlich für Zicken?
STOTTER!
SPOTZ!

Ah, ich verstehe. Dir steht der Sinn nach neuen Reifen.
REIFENHAUS RUNDLICH
Mein Schätzchen mag keine Staubpisten, da reagiert es immer verschnupft.
Ich glaube, Ihr 313 ist überfordert von den vielen Rollen.
Er weiß momentan nicht recht, wer er ist.
Wie bitte?
BONK!
Ja, sehen Sie, da ist seine Rolle als Familienkutsche, als Einsatzwagen des DGD... und nun noch als Ersatzfahrzeug für Phantomias. Das verwirrt ihn.
Oje! Können Sie das richten, Herr Ingenieur?
313

DÜSENTRIEB
RFINDER
Nein. Es ist kein technisches Problem, Herr Duck.
Sie werden Ihren Wagen ein wenig schonen müssen, bis er sich mental wieder gefangen hat.
Ja, soll ich in der Zeit etwa zu Fuß gehen?
Es genügt, wenn ich dieses Gerät installiere, das die Spezialausrüstung deaktiviert.
So können Sie Ihre Neffen beruhigt zur Schule fahren.
Das ist ja schon mal was.
POP
313
Aber keine Aufregungen für den 313, sonst kann ich für nichts garantieren!
313
Damit sind auch Agent Donald und Phantomias zwangsbeurlaubt.
313

Aber gut, wenn es meinem 313 nur hilft.
Wir haben ihn!
Der sieht nicht aus wie ein Agent des DGD.
Getarnt natürlich. Aber unsere Spionspürsonde lässt sich nichts vormachen.
Gib Gas! Den schicken wir für den Rest der Ewigkeit in Rente!
66
FAHREN!
WROAM
QUIETSCH!
Gleichzeitig, eine Etage höher...
Den Bullen bin ich glücklich entwischt, trotzdem ärgere ich mich!
SURRR!
Elektronik und feucht, da kriegst du den Föhn und einen Vogel dazu!
SURRR!

Oh! Das klingt vielversprechend!
KLICK!
BIEP! BIEP! BIEP!
Der Rächerradar hat Phantomias entdeckt!
BIEP! BIEP!
FAUCH!
Dem schulde ich eine Vollwäsche samt Föhnen... mit dem Flammenwerfer!
Pah! Das ist er nicht. Bloß sein Kumpel, der Kummerlappen. Aber wenn ich mir den schnappe...
ZAPP!
...locke ich Phantomias auf den Plan!
ZAPP!
ZAPP!
!?
POW! POW!
POW! POW! POW! POW!
O nein!
Keinen Meter weiter!
BREMS!

Haben wir dich endlich!
Von wegen! Ich hab ihn!
Ich will ihn als Lockvogel für Phantomias benutzen!
Ihr Superspinner habt alle einen Knall!
Doch auch das Böse schätzt das Gute am Kompromiss...
Ich hab keine Lust, mich um den Schwachkopf zu schlagen!
Wäre Kraftvergeudung. Wir teilen ihn einfach!
Ich hoffe sehr, die meinen das nicht wörtlich!
313
Doch einer ist mit dem Handel nicht einig...
FAUCH!
ZAPPZZ!
KNIRCH!
PANG!

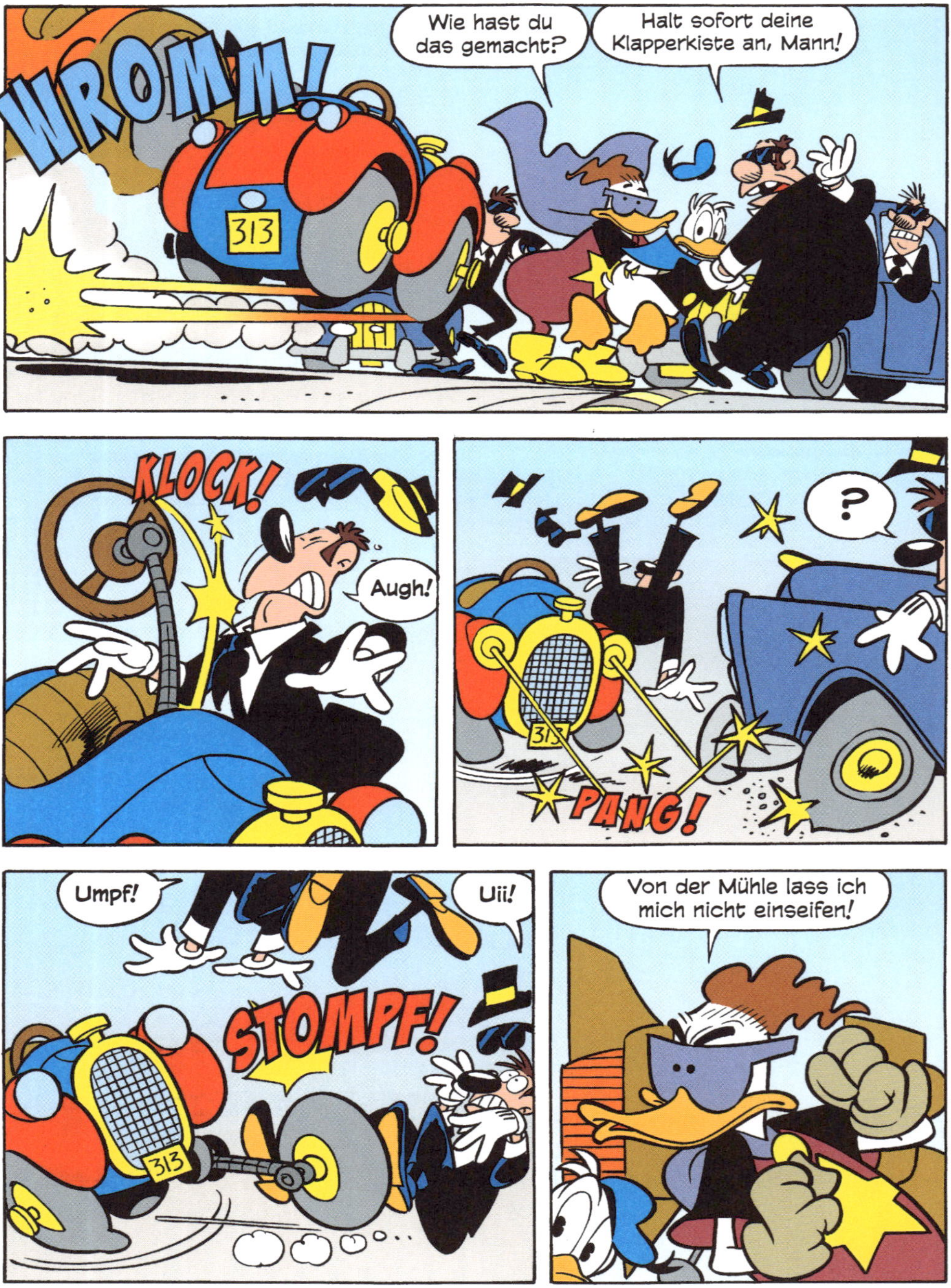
WROMM!
Wie hast du das gemacht?
Halt sofort deine Klapperkiste an, Mann!
313
KLOCK!
Augh!
?
313
PANG!
Umpf!
Uii!
STOMPF!
313
Von der Mühle lass ich mich nicht einseifen!

SCHLURPS!
He, so war das nicht gemeint! Der spinnt doch, der übergeschnappte Seifenspender!
Uiweh, wie das schmiert!
FLITSCHEL!
SCHLIRPS!
Ungh!
DONG!
Pfui! Kusch! Platz! Braves Töfftöff!
Du verstehst das falsch! Wir wollen deinem Herrchen nichts Böses!
Zieh ab, dann schenken wir dir einen nagelneuen Satz Zündkerzen!

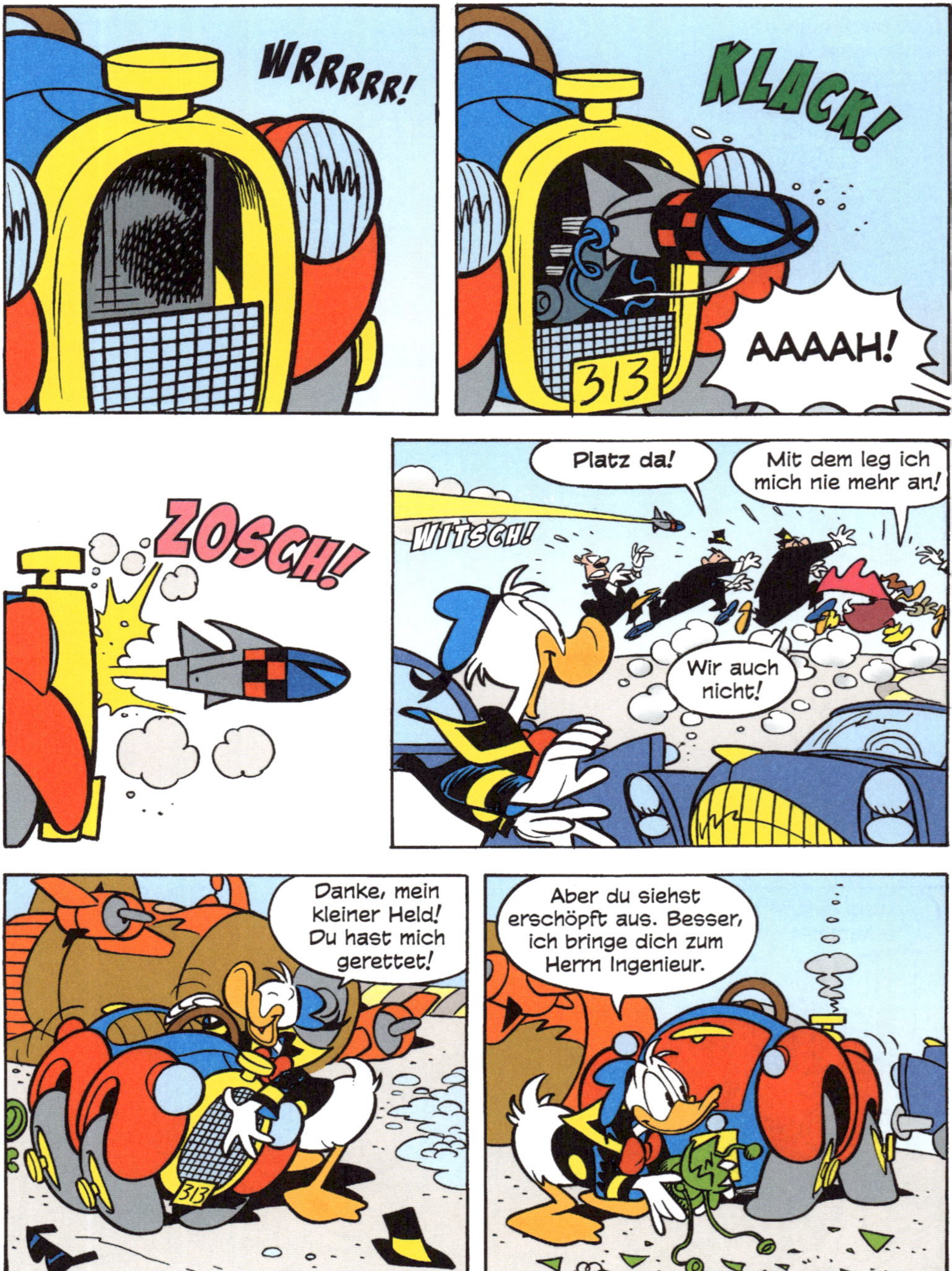

WRRRRRR!
KLACK!
AAAAH!
313
ZOSCH!
WITSCH!
Platz da!
Mit dem leg ich mich nie mehr an!
Wir auch nicht!
Danke, mein kleiner Held! Du hast mich gerettet!
313
Aber du siehst erschöpft aus. Besser, ich bringe dich zum Herrn Ingenieur.

Und nach einer gründlichen Inspektion...
Alles in Ordnung. Und ich habe mich getäuscht, es war keine Identitätskrise.
Nein? Ja, was war es denn dann?
313
Das kam von den Wanzen, die Ihre Gegner angebracht haben, um Ihren Wagen zu orten.
SUMMS!
Zwei Stück konnte ich ausfindig machen. Eine im Rücklicht verborgen...
?
313
...und eine in der linken Lenkmanschette.
?!
313
Ihre Signale haben die sensible Elektronik der Spezialausrüstung verwirrt.

Als mein Gerät noch dazukam, baute sich weitere Spannung auf, die dann zum Kurzschluss führte!
Das erklärt den wilden Ausbruch Ihres Wägel-chens!
So sehen Sie die Sache, Herr Ingenieur.
Ich dagegen denke, dass mein 313 tatsächlich verwirrt und erschöpft war.
313
Doch als er sah, dass ich in Ge-fahr war, kamen sein Mut und seine Kraft zurück!
Und dafür hat er eine Belohnung verdient!
Was würden Sie davon halten, wenn ich... tuschel...
Eine netter Gedanke, Herr Duck!

Und deshalb…
Das war eine klasse Idee, Onkel Donald!
Wir hatten uns echt mal wieder Ferien verdient.
Und vor allem der 313!
Stimmt! Er hat immer seine Pflicht erfüllt. Und noch mehr!
Aber findest du nicht trotzdem, dass du ein bisschen zu viel des Guten getan hast, Onkel Donald?
Nein. So bin ich sicher, dass er sich nicht über-anstrengt.
Hahaha!
ENDE

1-2-3 IST STETS DABEI!

Der Markt ist einfach übersättigt!
In den Regalen stapeln sich bereits Unmengen von unverkauften Waren!
Hmpf!
Es will mir einfach nicht in den Kopf, dass keiner von Ihnen eine Idee hat!
Also, lassen Sie sich gefälligst etwas einfallen! Wofür beziehen Sie denn eigentlich Ihr Gehalt?
Tja...
Die Zeiten sind schlecht, Herr Direktor! Wenn die Leute konsummüde sind, können wir sie schwerlich zum Geldausgeben zwingen!
Schön und gut, aber...

Sie als Werbefachmann könnten sich doch was einfallen lassen!
Nun...
Wenn ich nur wüsste, was! Wir haben wirklich alles Menschenmögliche versucht...
...Fernsehspots, Videoclips, elektronische Gags... kurz: sämtliche Tricks, auf die die Leute normalerweise anspringen!
Und? Was kam dabei heraus?
Na ja, äh... es hat leider trotz aller Bemühungen nicht geklappt!
Verflixt...
...und zugenäht! Mir reicht's mit Ihren ewigen Ausreden und Ausflüchten!

Ich will endlich konkrete Vorschläge sehen! Raus hier! An die Arbeit!
Sofort!
Wie Sie wünschen!
Aber ja doch!
Ich frag mich, ob ich sie gleich entlassen oder vorher lieber einschneidende Kürzungen an ihrem Gehalt vornehmen soll!
Fräulein Rührig? Rufen Sie Herrn Düsentrieb an! Er soll schnellstens vorbeikommen!
Schon wenig später...
Sehr gut! Auf den Mann ist Verlass!
POCH!
POCH!
Nanu?
Hier bin ich, nicht da!

Huch! Na ja, haha, originelle Ideen hatte er schon immer, der Herr Ingeniör!
In solchen Fällen ist der Luftweg immer noch der rascheste!
In der Tat!
Nun, Herr Duck, wo drückt denn diesmal der Schuh?
Tja, das ist so...
...Im Augenblick ist die Situation in meinen Betrieben desolat... bla... bla... völlige Ideenlosigkeit... bla...
Meinen Sie, Sie könnten mir helfen?
Das käme auf einen Versuch an!

Ich werde Ihnen baldmöglichst Bescheid geben, Herr Duck!
Ich verlass mich auf Sie!
Einige Tage später...
Jemand klopft ans Fenster! Das kann nur Herr Düsentrieb sein!
KLOPF! KLOPF!
Schluck!
Hihi! Gut, was?
Hallo! Diesmal bin ich zu Fuß gekommen, dafür mit Riesenschritten!
Äh... wie das?

Meine Erfindung ist das, was Sie brauchen: Der 1-2-3er!
Ich bin ganz Ohr!
Herr Düsentrieb legt Onkel Dagobert seine Idee dar...
Na? Hab ich zuviel versprochen?
Fantastisch! Großartig!
Sie sind der einzige, dem ich einen Geniestreich dieser Größe zugetraut hatte!
Hehe! Danke, danke!
Ich werde mich persönlich darum kümmern, dass wir mit Ihrer Erfindung schnellstens in Serie gehen können!
Nun... äh...
Könnte ich eventuell eine kleine Vergütung meiner Spesen...
Was? Wer? Wie? Was hör' ich da?
In einem so erhabenen Moment von schnödem Mammon zu reden, hieße doch wohl, Ihr Genie zu beleidigen!
Och, so empfindlich bin ich nun auch wieder nicht...

Selbst die besten Produkte bedürfen heutzutage einer sorgfältig geplanten und großangelegten Werbekampagne...
1-2-3!
1-2-3! 1-2-3!
1-2-3 ist stets dabei!
Was das wohl ist?
Vielleicht ein neuer Taschenrechner oder so was?
EISPALAST

PLING!
PLONG!
Den 1-2-3er braucht Huber, Müller und Meier!
KURIER
1-2-3
MIT 1-2-3 BIST DU STETS DABEI!

1-2-3!
1-2-3!
Entschuldigen Sie mich einen Moment bitte!
SCHRILL! SCHRILL!
Hallo? Wer ist am Apparat?
Ein Leben ohne 1-2-3er ist wie ein Sonntagsfrühstück ohne Eier!
Wie zu erwarten, verfehlt dieser Werbefeldzug seine Wirkung nicht...
TOCK!
DREIER!
EINS
1-2-3! AUCH HIER DABEI!
Aufhören! Schluss! Aus! Es reicht!
DREIER!
Den 1-2-3er braucht Huber, Müller und Meier!
1-2-3!
Den 1-2-3er...
Schließlich brennt ganz Entenhausen darauf, in den Besitz des unbekannten Produkts zu gelangen...
Ich muss unbedingt einen 1-2-3er haben!
So?
Du weißt doch nicht mal, worum es sich dabei eigentlich handelt!
Ich weiß, dass ich es nicht weiß!

Eben! Man bombardiert uns schon seit Tagen mit Slogans, ohne die Katze aus dem Sack zu lassen!
Du hast ja recht, aber...
...egal, was es auch ist, ich weiß nur, dass ich ohne das Zeug nicht leben kann!
Ach, lass mich doch in Ruhe mit dem Quatsch!
Einige Tage danach...
Wach auf, Onkel Donald!
Heute will Onkel Dagobert endlich das große Geheimnis lüften!
Schnarch... Wie? Was? Wo? Wer?
Er will nämlich heute den 1-2-3er auf der...
...A.o.f.A.-Messe* vorstellen!
*Messe für „Außergewöhnlich originelle futuristische Artikel"!

Ich bin gespannt wie ein Flitzebogen, Leute!
Du doch auch, oder?
Äh... aber sicher!
Dann steh endlich auf!
1-2-3 im Nu, aus dem Bett bist du!
Hihihi!
Und so...
1,2,3 =
1,2,3 =
1,2,3 =
1,2,3 =
313

Bald ist ganz Entenhausen versammelt...
Und so erlaube ich mir, Ihnen die genialste, fantastischste und bombastischste...
1,2,3
...unübertreffliche und tollste Erfindung dieses Jahrhunderts vorzustellen!
Schluss mit dem Geschwafel!
Zieh die Decke weg!
Sehen lassen!
Bitte sehr, meine Herrschaften! Der 1-2-3er!
123
1,2,3
Was? Das ist ja ein stinknormales Auto!?!
Noch dazu ein Kleinwagen!

Buuuh! Buuh! Betrüger!
Geh wieder heim!
Das soll die Erfindung des Jahrhunderts sein?
Moment! So lasst mich doch erst erklären!
KLATSCH!
ZIPP!
SCHWUPP!
PATSCH!
Tritt doch im Zirkus damit auf, du Clown!
So eine Pleite! Und das Onkel Dagobert!
Tja!
Reden Sie mit ihnen, Herr Düsentrieb! Vielleicht hören Sie Ihnen zu!
Hoffentlich!
Buuuuh!
Pfui!
ZIPP!
KLATSCH!
Dieser ganz normal aussehende Kleinwagen ist in Wirklichkeit...
...ein Elefant! Haha!
Unsinn! Das ist eine Giraffe!
Dass Sie sich in Zoologie so gut auskennen! Hihi! Toll!

Hier befindet er sich noch in seiner **1. Phase!**
Wie wohl die nächste aussieht?
Wenn er gut gehalten und gepflegt und ordentlich gefahren wird...
...geht er ganz problemlos in **Phase 2** über...
Ja, so was!
Hä?
Oh!

Wie geht denn das?
...bis er schließlich **Phase 3** erreicht!
1,2,3
Jetzt staunen Sie aber, was? Nur zu verständlich, denn vor Ihnen steht...
...etwas bisher nie Dagewesenes: das wachsende Auto!
Oooooh!
Unglaublich!
Das alles wird erst möglich durch eine ganz erstaunliche Neuentwicklung, die brandneue Technologie elastischer Molekularketten, die...
Schluss mit der Fachsimpelei!
Darauf pfeifen wir! Klar?

Sagen Sie uns lieber endlich, wann die ersten Autos ausgeliefert werden!
Und wieviel sie kosten!
Nur Geduld! Gleich sollen Sie alles erfahren!
Wo kann man die Dinger denn kaufen?
1,2,3
Nach Darlegung aller Fakten...
Was hältst du davon, Onkel Donald?
Das ist echt eine revolutionäre Erfindung!
So etwas konnte wirklich nur Herrn Düsentrieb einfallen!
Typisch für ihn!
Ja, aber...
Du bist wohl nicht sehr überzeugt?
Für mich ist dieser 1-2-3er noch ein wenig unausgegoren!
Ich verlass' mich lieber auf meinen alten 313er!
Hoffnungslos altmodisch, der Mann!
313

Doch unser Freund Donald scheint mit seiner Meinung allein dazustehen...
BALD BIST AUCH DU DABEI!
Platz da! Ich war der erste!
Pah! Ich hab mich schon lang vor deiner Geburt angestellt!
Weg da! Ich will ein Auto, das wächst!
Hau bloß ab, sonst kriegst du stattdessen eine Beule, die wächst!
...sehr zur Freude seines Onkels...
Freut euch des Lebens!
Das wachsende Auto verheißt mir auch wachsende Gewinne! Hehe!

Und schon bald tauschen immer mehr Entenhausener ihre herkömmlichen Autos gegen die in jeder Hinsicht einmaligen 1-2-3er ein...
Komm mal, Schatz! Unser Kleiner hat Hunger!
Gleich hab ich sein Breichen fertig!
Ein leckeres Benzinsüppchen mit aromatisierten Kohlenwasserstoffen!
Köstlich!
Sieh nur, wie es dem Kleinen schmeckt!
Er ist ja so süüüüß!
SCHMATZ!
GURGEL!
Und nun ein Fläschchen destilliertes Wasser für die Batterie!
Dann wird er wachsen, blühen und gedeihen!
GLUCK!
GLUCK!

Damit auch sein Lack schön glänzt, wird er trockengeföhnt!
FUUUUUU!
Wie wär's mit einer kleinen Spazierfahrt?
Das würde ihm bestimmt guttun!
Tschühüs! Bis später, mein Schatz!
Pass aber auf ihn auf, und fahr nicht so schnell! Hörst du?
WRUMMMMM!
Einige Abende später...
War das eine Woche! Alles lief wie am Schnürchen!
Möchte bloß wissen, ob ich aus dem All auch so erfreuliche Nachrichten bekomme!

Im Duck'schen Observatorium kurz vor Dienstschluss...
Was ist? Machen wir für heute Schluss?
Und ob! Wenigstens einmal im Jahr möchte ich pünktlich heimkommen!
Im Fernsehen läuft heute ein Film von Woody Allen, der... **o nein!**
Was ist los? Ist deine Schwiegermutter im Anmarsch?
Schlimmer noch! Der Chef kommt! Oje!
Hallo, meine Getreuen! Was macht unser Projekt S.E.B.?*
Nun ja, ehrlich gesagt...
...es läuft noch!
*Suche nach Extraterrestrischen Bodenschätzen.

Wir hatten nur auf Sie gewartet, Chef...
...um Ihnen vorzuführen, wie weit wir schon sind!
Da bin ich aber mächtig gespannt!
Doch einige Stunden später...
Nichts, gar nichts!
Kein Echo, Chef!
Sehr enttäuschend!
Können wir jetzt gehen?
BIPP! BIPP!
Halt! Hiergeblieben! Dieses Signal war vorher noch nicht da!
Hmmm... zweifellos ein Phänomen, das überprüft werden muss!
BIPP! BIPP!
BIPP! BIPP!
Es handelt sich keinesfalls um eine interstellare Interferenz!
Was kann dann die Ursache dafür sein?
Ich vermute, mit dem Projekt hat das nichts zu tun!

Der Massenspektrograph lässt keine diesbezüglichen Schlüsse zu!
Es sei denn, eine Ansammlung von Eisen, Glas und Aluminium interessiert Sie!
Was kann das nur sein?
Ich vermute, ein ganz gewöhnlicher Meteorit, Herr Kollege!
Könnten wir nicht einen Blick durchs Teleskop werfen?
Aber nein! Dazu ist das Objekt viel zu klein und zu weit weg!
Doch für uns gilt das natürlich nicht...

Was hältst du von diesem Stern?*
Viel zu kalt und unwirtlich!
*Der Einfachheit halber: Simultanübersetzung für den Leser...
Und wenn es Außerirdische sind?
Hoho! Dass ich nicht lache!
Du siehst zu viele Science-Fiction-Filme!
Aber nein!
Nach dieser Pleite widmet sich Onkel Dagobert nun wieder dem Profit auf Erden...
Sie sind also bereit, den Verkauf des 1-2-3ers in Ihren Ländern zu übernehmen?
Yes, Sir!
Certo, Signore!
Wir machen Konkurrenz kaputt!

Und schon bald ertönt es überall auf der Welt...
One, two, three!
Odin, dwa, tri, Automobil, das wachsen, weg-gehen wie russisch Wodka!
一二三
Nur wenige schaffen es, der Faszination der neuen Autos zu wider-stehen. Darunter...
Nein, ich behalte meinen 313!
Das ist doch absurd!
DAISY DUCK
Alle kaufen die 1-2-3er! Nur du nicht!
Ich weiß, aber...

...ich häng nun mal an meinem guten Oldtimer, Daisy!
Faule Ausrede!
In Wirklichkeit bist du nur zu knausrig, um mir etwas Gutes zu gönnen!
Seufz!
Dann geh ich eben mit Gustav aus! Der hat sicher schon einen neuen Wagen gewonnen!
Halt, Daisy! So warte doch!
RUMS!
Das war ihr letztes Argument!
Was ist denn passiert? Hast du...
...mit Tante Daisy gestritten?
Ich bitte mir Ruhe aus!
Kein Wort mehr über diesen Vorfall! Klar?
Wie immer!

RUMS!
Das war sein letztes Argument!
Diese Erwachsenen!
Na los! Spring schon an! Zeig diesen neumodischen Gecken, mit wem sie's zu tun haben!
313
Bravo! So gefällst du mir!
WRUMMMM!
Doch nach nur 30 Metern...
SPOTZ!
313
Hallo, Donald! Irgendwelche Probleme?
Halt den Schnabel!
Oh, entschuldige, Oma! Ich bin nur etwas nervös...
Verstehe! Kein Wunder bei der alten Mühle, mein Lieber!

Du willst doch nicht etwa behaupten, dass du...
Klar! Ich hab mir einen 1-2-3er mit Vierradantrieb zugelegt!
Wenn er wächst, wird er erst ein Traktor und dann ein Mähdrescher!
O nein!
Am Abend im Observatorium...
Unser Objekt nähert sich offenbar unserem Sonnensystem!
Na? Was ist?
BIPP!
Denkst du etwa noch immer an Eindringlinge aus dem All? Haha?
Ich bitte dich!
Zum selben Zeitpunkt Millionen von Meilen davon entfernt...
Viel zuviel Gas!

He! Sieh mal! Auf unserem Monitor ist auf einmal ein höchst interessanter Stern erschienen!
Lass mal sehn!
Er ist reich an Kohlendioxid und Schwefelwasserstoffen!
Sagenhaft!
Und die Gewässer sind voller Schwermetalle und Phosphate!
Sagenhaft!
Ich kann's gar nicht erwarten, bis wir dort sind!
Wem sagst du das!

Schnell! Wach auf, Schatz!
Chrrr! Wie? Was? Wo? Was gibt's?
Unser Liebling hat einen bösen Husten!
O nein!
Bin gleich zurück!
Und bitte, beeil dich, Schatz!
Keuch... keuch... ich bin nur froh, dass die Nachtdienst haben!
AUTOAPOTHEKE

Modell? Baujahr? Was waren die bisherigen Beschwerden?
Es handelt sich um einen zwei Monate alten Kleinwagen!
Vor ein paar Tagen kamen wir während eines Ausflugs in die Berge plötzlich in einen Schneesturm! Vielleicht hat er...
...sich dabei eine Vergaseritis zugezogen!
Das ist ein Leiden, das für die 1-2-3er in dieser Jahreszeit typisch ist!
Geben Sie ihm alle acht Stunden eine Tablette Autopirin und das einige Tage lang! Das hilft ihm wieder auf die Räder!
Danke, Doktor!

Japs! Japs! Da bin ich wieder!
Hast du die Medizin bekommen?
Natürlich! Autopirin! Das hilft bestimmt!
Was?
Keine Angst! Wenn unser Kleiner die geschluckt hat, geht's ihm gleich wieder besser!
Soll das heißen, du hast die Medizin für unser Auto geholt?
Na klar! Wieso nicht? Ist was nicht in Ordnung?
Doch nicht der Wagen hat eine Erkältung...
...sondern unsere Tochter!
Auweia!

Du Rabenvater! Wo andere ein Herz haben, hast du einen Motor!
Nun, ich...
Anderer Ort, andere Zeit, anderes Problem...
Keuch! Japs! So eine Plackerei!
Der normale Einkauf hat mir schon gereicht!
Aber jetzt kommen noch Ölzusätze und Lackpflegemittel für diesen Vielfraß dazu!

Und in einer anderen Garage...
Hmmm... vielleicht habe ich ihm zu viel gegeben! Oder was könnte ihm sonst fehlen?
Rülps!
Nur, wer herkömmliche Autos vorzieht, kennt keine Probleme. Oder doch?
Schon wieder?
SPOTZ!
Kann ich dich ein Stück mitnehmen?
Was?
Sieht doch schnuckelig aus, mein 1-2-3er, oder?
Grrr! Wie hast du es denn geschafft...
...an so ein großes Modell zu kommen?
Tja, mein Lieber! Beziehungen...

...gepaart mit meinem sprichwörtlichen Glück!
Warum diese gequälte Miene? Gefällt er dir nicht?
Oder magst du's nicht, wenn man mit dir Schlitten fährt?
Gleich platz' ich!
Tja, Wortspiele waren schon immer mein Hobby!
Tschü-hüs!
Grrr! Groarrrr! Dieser... dieser...
WRUMM!
Ich verabscheue euch, 1-2-3er! Ich hasse euch!
Ihr stinkenden, blechernen Widerlinge!
So was von unbeherrscht!
BONK!

Was haben dir meine Autochen denn getan?
Pah! Gustav, dieser aufgeblasene Fatzke! Wenn ich den nur sehe, läuft mir die Galle über!
313
Lass mich raten: Du bist leicht gereizt, oder?
Meinst du? Wie kommst du darauf?
Ich hätte was für dich zum Entspannen! Besuch mich heute Abend in meinem Observatorium!
Die Kinder kannst du auch mitbringen!
Hmm... das hört sich nach Arbeit an!
Wo denkst du hin! Ich möchte euch nur ein Projekt vorstellen!*
?
*Siehe Seite 58!

Und so...
Auweia! Hast du gehört? Da ist das Signal schon wieder!
Was?!?
Und das Schlimmste: Es ist deutlich stärker geworden!
BIPP! BIPP!
Wozu die Aufregung! Was ist denn los?
Ganz logisch! Alles deutet darauf hin, dass sich...
BIPP! BIPP!
...die Quelle des Signals mit großer Schnellig-keit nähert!
Und das S.E.B.-Projekt?
Das interessiert doch jetzt nicht!
Das Signal geht von einem Objekt aus, das das ge-samte Sonnensystem durchlaufen hat!
BIPP! BIPP!

Es ist außergewöhnlich schnell, und seine...
...Flugbahn muss als sehr ungewöhnlich bezeichnet werden!
Wodurch ausgeschlossen ist, dass es sich um einen Meteoriten...
...oder einen anderen Himmelskörper handelt!
Könnte es vielleicht ein Satellit sein, der einen eigenen, nicht...
...vorher berechenbaren Kurs steuert?
Genauso ist es!
Daran besteht kein Zweifel!
Waaas?!?
Hilfe! Die Marsmenschen sind im Anflug!
Die Erde ist in Gefahr!

Alaaaarm!
Schnell! Wir müssen diesen Irren aufhalten!
Mach' ich! Ich versperre sofort den Ausgang!
KLACK!
BONK!
Gut! Jetzt wirkt er gleich viel ruhiger!
TSCHILP!
TSCHILP!
Eine derartige Neuigkeit will mit größter Sorgfalt verbreitet werden!
Sonst könnte unter der Bevölkerung eine Panik ausbrechen!
Hmm...

Ich weiß, wen ich auf dieses Problem ansetze!
Hier Dagobert Duck! Höchste Alarmstufe... bla, bla... Bedrohung... bla, bla... ja, sofort!
Oh! Sehen Sie nur!
Das ist ein unbekanntes Flugobjekt!
Ganz so unbekannt ist es mir gar nicht!
Folgt mir! Ich kann das Rätsel aufklären!
Es fliegt ja direkt auf uns zu!
Keine Angst! Das wird eine weiche Landung!

Schneller ging's nicht!
Bravo! Sie liegen immer noch in der Zeit!
Darum waren Sie so ruhig, Chef!
Ist Ihnen das Problem inzwischen vertraut?
Sie meinen sicher Ex-Problem!
Mit meinem K.U.Ü.* ist es so gut wie gelöst!
*Kosmischer Universalübersetzer
Es sind Außerirdische! Ich höre und verstehe sie bestens!
Gack!
Sie haben nicht die Absicht, auf unserem Planeten zu landen...
Puh! Umso besser!

Zumindest nicht momentan!
Das ist ein schwacher Trost!
Ich weiß, was wir zuerst tun!
Was denn?
Die Behörden müssen verständigt werden! Ich rufe den Bürgermeister an!
Das ist alles! Sie sind also einverstanden? Kein Eingreifen! Höchste Geheimhaltung!
Ja, wir informieren Sie, sobald es etwas Neues gibt, Herr Bürgermeister!
Und jetzt... oh, Telefon!
RRRRRING!

Hallo? Ja, er ist hier! Augenblick bitte!
Für Sie, Chef! Es ist Ihr Sekretär!
?
Was gibt's?
Waaas?
Die Verkaufszahlen des 1-2-3ers sind rapide im Sinken! Seufz!
Hallo?
Die Leute haben mit ihren Familien schon genug Probleme!
Hallo?
Nichts als Schwierigkeiten! Das ist zuviel! Ich glaube, ich werde ohnmächtig!
Hallo? Hallo?

Kurz darauf, nicht weit von unserem Planeten entfernt...
Parkorbit ist stabilisiert!
Manöver erfolgreich abgeschlossen!
Fertig zum Angriff! Reduktionsnebel aktiviert!
Verstanden!
Was haben die denn vor?
Keine Ahnung! Aber es klingt nicht gerade vertrauenerweckend!
Los!
WOFFFFF!

What's happening?
Qu'est-ce que...
Njet! Keine Ahnung!

All grey!
...ce brouillard?
Man sieht nichts mehr!

Uff! Keuch! Japs!
Hatschi!
Uahi! Uaho! Uahi!

Help!
Hilfe! Ich will raus aus dieser Sardinenbüchse!
Das ist ja schlimmer als in Sibirien!
救命

Hihihi! Denen haben wir's aber gegeben!
In ein paar Monaten, wenn die Wirkung des Reduktionsnebels nachgelassen hat, übernehmen wir diesen Planeten!
Sie wollen in ein paar Monaten zurückkommen!
Wie schrecklich!
Grauenhaft!
Kreisch! In ein p-paar M-M-Monaten?
Das will ich erst mit meinem Interchronos nachprüfen!
Was ist das?
Ein Gerät, das die interstellaren Zeiteinheiten untereinander vergleichen kann!
Puh! Besser, als ich zu hoffen gewagt hatte!
Wieso?
Wir sind echt gespannt!

Ein paar außerirdische Monate entsprechen auf der Erde ein paar Milliarden Jahren!
Wir sind gerettet!
Ja, eine Zeitlang haben wir vor ihnen Ruhe!
Über die gute Nachricht hat Onkel Dagobert ganz seine Probleme mit den 1-2-3ern vergessen!
Genau! Und wir, welche Schäden...
...die Außerirdischen hier angerichtet haben!
Das stimmt!
Welche Auswirkungen mag die geheimnisvolle Nebelwolke gehabt haben?
Ich wage kaum, es mir vorzustellen!
Da! Hört doch mal!
Hilfe!
Zieht uns sofort hier raus!

Das ist ja unglaublich!
Seht euch das an!
Die 1-2-3er gehen ein wie zu heiß gewaschene Wäsche!
Das ist ja die reinste Mause-falle!
Hilfe!
Aaaaah!
Aber wieso hatten sie es überhaupt...
...auf die Autos abgesehen?
Ja, das ist die Frage!

Mission ausgeführt!
Unsere Regierung wird mit uns zufrieden sein!
Darauf kannst du dich verlassen! Wir haben die Erdlinge zu Winzlingen degradiert!
Auf der Erde ist in den folgenden Tagen die Hölle los. Alle stürmen zu Onkel Dagoberts Geldspeicher und protestieren lautstark...
Wir wollen unser Geld zurück!
Die Duck'schen Autos sind der reinste Betrug!
Ohne 1-2-3er lebt sich's freier!

Ruhe da unten!
Wir machen Krach, solange es uns passt!
Wir wollen unser Geld zurück!
Wir wollen Zins und Zinseszins!
Nieder mit Dagobert Duck!
Gemach, gemach! Hier steht jemand neben mir, der euch etwas zu sagen hat!
Liebe Mitbürgerinnen und Mitbürger, ihr dürft unserem lieben Herrn Duck nicht gram sein!
Hehe!
Denn er hat unsere Erde vor dem Untergang bewahrt!
Was soll das Süßholzgeraspel?
Schluss mit dem Theater!
NIEDER MIT DUCK
WEG MIT DEN 1-2-3ERN!

Durch seinen fürsorglichen Weitblick gelang es ihm, außerirdische Wesen zu täuschen, die einen Überfall...
NIEDER MIT DUCK
Wie?
Was?!
Wieso?
...auf unsere Mutter Erde geplant hatten! Ihr Raumschiff versprühte einen tödlichen Nebel, der sich jedoch nicht gegen uns richtete...
...sondern nur die von Herrn Duck produzierten und verkauften 1-2-3er traf, wodurch wir...
...alle von Schaden bewahrt blieben!
Ooooh!
Unglaublich!
Nicht zu fassen!
Wahnsinn!

Ja, wenn er die Menschheit tatsächlich vor dem Untergang bewahrt hat...
...ist er ein Held! Ja, das ist er!
Duck lebe hoch!
Hoch lebe unser Retter! Hoch!
Hehehe!
Duck ist der Größte!
Wie wankelmütig doch die Menschen sind, nicht?
Tja...
Moment mal! Da droht uns eine so große Gefahr, und...
...und keiner sagt uns was davon!
Warum habt ihr uns für dumm verkauft?
Huch!
PFUI!
Nieder mit dem...
...Bürgermeister!

Ruhe! Ruhe! Das haben wir nur getan, damit keine Panik aufkommt!
Alles unverschämte Lügen!
Buuuuh!
Ihr behandelt uns immer wie unmündige Kinder!
Tja!
Wie wankelmütig doch die Menschen sind!
Nachdem sich die Aufregung wieder gelegt hat...
Hallo, Onkel Dagobert! Wie geht's dir?
Ich kann nicht klagen!
Ist das dein Ernst?
Klar! Ich bin doch im Moment der Held des Tages!
Schon, aber...
...die Sache mit deinen 1-2-3ern...
...ist doch voll danebengegangen!

Seid ihr euch da so sicher?
Klar! Die Leute sind wieder auf ihre alten Autos umgestiegen...
...nachdem dein Projekt von Außerirdischen zum Scheitern gebracht wurde!
So ist es!
Ich habe das Gefühl, das beunruhigt dich nicht im Geringsten?
Überhaupt nicht!
Ich habe nämlich die von allen verlassenen, folglich kostenlosen Wägelchen...
...eingesammelt und verkaufe sie, nach einigen von Herrn Düsentrieb vorgenommenen Änderungen, als Miniaturautos!
Im Ernst?
?!

Und so...
Wie findest du den links oben, Liebling?
Der ist ja niedlich!
MINIATURAUTOS
39,95 T
Und kosten tut er auch nicht die Welt!
Dann nichts wie rein, Schatz!
15 Tropfen Benzin alle zwei bis drei Tage genügen ihm vollauf!
Scheint kein Problem zu sein!
Ist er nicht süüüüß?
ENDE

ALTE LIEBE ROSTET NICHT!

Ich fürchte, diesmal dürfte dein Erzfeind leider recht behalten, mein Freund!
Mit dieser klapprigen Rostlaube schaffen wir es sowieso nicht, Doktor Krantz einzuholen!
Beleidige bloß nicht mein gutes Goofobil! Du ahnst ja nicht, was in dem noch alles steckt!
Jetzt leg' ich mal den vierten Gang ein und... he!
KRACKS!
Macht nichts! Das schaff ich locker im dritten!
Bei einem Wagen kommt's nicht auf die Geschwindigkeit an, sondern auf die solide Bauweise! Hehe!
RASSEL!
KLAPPER!

KLONK!
Aaaaaaah!
Mach dir nichts draus! Erst mit drei Rädern zeigt er seine wahren Qualitäten!
Das dürfte deiner Schrottmühle den Rest geben, du Pseudoarchäologe!
RATATATATATA!
Das darf doch nicht wahr sein! Der Kerl schießt ja auf uns!

RATATATATA!
Oje! Er hat eine Steinlawine ausgelöst!
Kreisch!
RUMPEL!
Hilfe! Kopf runter!
Au Backe! Jetzt hilft nur noch der alte Trick aus meiner Zeit als Stock-Car-Fahrer...
...der Känguruhjump! Jippiiiie! Das bringt's echt!
BROARRRRRR!
KLONG!

Siehst du? Goofobil und Fahrer stellen eine untrennbare Einheit dar!
Mich hältst du nicht auf, Krantz! So wahr ich Indiana heiße!
Indiana! Lass gefälligst deine Hände am Steuer!
Wie? Ach ja, natürlich! Nur keine Panik, Micky!
F-f-fällt mir schwer, wenn ich da so runtersehe!
Nur die Ruhe! Ich hab das Lenkrad fest in der Hand! Hehehe!
D-d-d-die Kurve! Um alles in der Welt! Bremsen, Indiana! Bremsen!
Ich versuch's ja. Aber...
BADOMM!
QUIETSCH!

Ich fürchte, die tut's nicht mehr! Auaaaaa!
Die ist auch nicht mehr das, was sie mal war!
Dann lass dir schnellstens was einfallen, wie wir zum Halten kommen!
Kein Problem, Micky! Wir gehen einfach vor Anker!
ZINNNNG!
Halt dich gut fest!
RUMPEL!
KRÄSCH!

Hehehe! Macht's gut, ihr Anfänger! Ihr müsst schon früher aufstehen, wenn ihr einem Dr. Krantz das Wasser reichen wollt! Schöne Heimfahrt, die Herren!
Grummel!
PFFFFSCH!
Einiges später...
Seufz! Das war ja eine schöne Pleite, was, Indiana?
Mein armes Goofobil!

War aber auch höchste Zeit! Dein Goofobil hat sich den Ruhestand redlich verdient!
Wie kannst du nur so herzlos sein, Micky!
Es muss nur etwas überholt werden, dann ist es wieder wie neu... Du wirst schon sehen!
Von wegen! Dieses Wrack ist eine Gefahr für den Straßenverkehr! Du musst sehen, dass du es schnellstens loswirst!
Kreisch! Was sagst du da?
Es hat mir stets treue Dienste geleistet! Wenn du wüsstest, was wir beide schon alles erlebt haben! Unbeschreiblich!
Das glaub ich gern!
Vielleicht ist es deiner Aufmerksamkeit entgangen, aber in den letzten 50 Jahren hat sich die Technik rapide weiterentwickelt!
Es wäre an der Zeit, dass du dir einen neuen Geländewagen zulegst!
Mein gutes Goofobil abstoßen? Niemals!

Ich versteh ja, dass dein Herz an ihm hängt, aber du hast keine andere Wahl! In der heutigen Zeit braucht ein Archäologe ein modernes Fahrzeug!
Schau dir nur mal an, was der Automarkt so alles zu bieten hat, dann wirst du mir recht geben!
Also gut! Aber ich muss hundertprozentig überzeugt sein!
Und schließlich...
ALLES FÜR DEN ASPHALTCOWBOY
ANGEBOTE
Seien Sie mir gegrüßt, meine Herren! Ich darf zu Ihrem Entschluss gratulieren!

Bei uns finden Sie ganz bestimmt einen gleichwertigen Ersatz für Ihr... ähem... Ihr Gefährt, mein Herr!
Bitte sehr! Wer die Wahl hat, hat die Qual! Wir haben ein breitgefächertes Angebot!
Vom Superminiwheel für den hoffnungsvollen Sprössling, auch geeignet zum Überqueren von Pfützen oder als Caddie auf dem Golfplatz.
...bis hin zum Supermega-wheel dort drüben...
Na? Ist er nicht beeindruckend? Damit können Sie jede Wüste der Welt durchqueren!

Und dies ist der Speedy 2000! Beschleunigung von 0 auf 100 in sage und schreibe drei Sekunden! Ein Prachtkerl!
Mit dem Modell Speedy 2100 sind Sie Ihrer Zeit um 100 Jahre voraus! Er verwandelt sich im Nu in einen Jet oder in ein U-Boot! Je nach Bedarf!
Ihrer zurückhaltenden Miene glaube ich entnehmen zu dürfen, dass Sie nach etwas noch Ausgefallenerem suchen!
Darf ich Sie daher bitten, mir in den Nebenraum zu folgen, meine Herren!?
Ooooh!

Das ist der Traum eines jeden Off-Road-Liebhabers. Eine Symphonie auf vier Rädern mit einer Unmenge von Extras! Beachten Sie die dynamische Linienführung, entworfen von dem bekannten Designer Carlo Carrozze!
AUTO
Breitwandreifen auf Spezial-Alufelgen! Auf Wunsch können wir selbstredend Ihre Initialen ins Reifenprofil einarbeiten...
Nicht weniger als sieben verschiedene Antennentypen für alle nur denkbaren Arten der Telekommunikation...

Signalhörner vom Typ „Jüngstes Gericht" mit 2000 Watt, wobei ein Zufallsgenerator die Qual der Wahl einer passenden Melodie erspart!
Aber wollen wir nicht an Bord gehen, meine... oooh!
Knurr! Grmpf!
WISCH! WISCH!
Und erst die Innenausstattung! Das ist kein Auto, sondern ein Wohnzimmer auf Rädern! Hihi!
Ergonomische Sitze nach neuesten orthopädischen Erkenntnissen konstruiert! Dazu noch..

...Satellitenfernsehen, eine hochwertige Hi-Fi-Anlage mit CD-Player und Superlautsprechern! Doch das ist noch lange nicht alles!
KLICK!
Bitte sehr! Ein Autotelefon mit Anrufbeantworter und Telefax, ein komplettes Bordbüro mit Computer und Drucker! Leider sehen wir uns im Moment außerstande, das nötige Büropersonal mitzuliefern, doch daran wird noch gearbeitet!
0.24
Kurzum: Dieses Modell lässt wirklich keinen Wunsch offen!
Ich hätte gern mal eine Probefahrt gemacht!
Das ist der einzig richtige Weg, um das unvergleichliche Fahrgefühl am eigenen Leibe zu erfahren! Aber bitte geben Sie wohldosiert Gas!
Wenn man da nicht ganz sachte und sensibel mit dem Gasp... oooooh! Kreisch!
KRIETSCH!

Läuft wie geschmiert, was?
Für meinen Geschmack etwas zu geschmiert!
Aber... äh... w-w-was machen Sie denn? Wieso biegen Sie ab? Es geht doch geradeaus weiter!
SKRIIIE!
Jippie!
Juhuuu!
ROARRRR!

Und so, am Ende...
Und? Wie ist es gelaufen?
Das Modell ist einsame Spitze! Wirklich das Nonplusultra!
Gib zu, das ist was ganz anderes als dein Goofobil! Stimmt's?
Na ja...
Seufz!
Jetzt steht mein Entschluss fest, Micky!
Gut! Hauptsache, du bist deiner Sache sicher!
Und ob! So sicher war ich mir nie zuvor im Leben!

Einige Tage später...
Indiana hat mich wieder zu einem Abenteuer eingeladen! Ich bin nur froh, dass wir nicht mehr mit seiner alten Mühle losziehen müssen! Bin gespannt, was er sich gekauft hat!
Halli, hallo! Bist du reisefertig?
Klar, Micky!
Waaaaaaaaaaaaaaas?!?
Das ist ja dein Goofobil!
Ja... ähem... wie es leibt und lebt! Rundum erneuert und überholt! Gut, was?

Es ist für mich wie ein alter Freund! Ich hätte es niemals weggeben können!
Deshalb habe ich es mit den Extras ausgestattet, die ich für wichtig halte! Willst du sie sehen?
Huch!
GOOFOBIL 2 LUXUSAUSFÜHRUNG
ÜBERROLLBÜGEL
ABSCHLEPPHAKEN
ZUBEHÖR
REVOLVER MIT LAKRITZMUNITION
BENZIN-KANISTER
PICKEL UND SCHAUFEL
LAMPE
SCHIRM
KAFFEE-SERVICE
NEGRITAS
SKATE-BOARD
SCHLAF-SACK
PLÜSCH-TEDDYBÄR
SIEB
PFANNE + VIELZWECK-MESSER
COMIC-SAMMLUNG
RADIO
SIGNALHORN

Und das Ende vom Lied...
Mich kriegst du nicht, Indiana! Eher fress' ich einen Besen!
WRUMMMM!
Ich fürchte, Dr. Krantz hat auch diesmal recht, Indiana!
Das kann gut möglich sein, Micky, aber...
...was hältst du inzwischen von einer Tasse Kaffee? Oder möchtest du lieber einen Teller dampfendheiße Spaghetti?
ENDE

CHAUFFEUR IN NÖTEN

Schön, wenn einer meiner Angestellten so emsig und eifrig ist!
Ich wär noch viel emsiger, wenn du statt deines Chauffeurs deinen Buchhalter entlassen hättest, glaub mir!
Was hätte dir das genützt? Mein Buchhalter arbeitet mit dem Kopf.
Ach so! Und das traust du mir wohl nicht zu, wie?
Nicht, wenn es um mein Geld geht, Donald.
Aber diese Kluft passt mir nicht. Schau!
Erklär mir bitte, was es an der Uniform auszusetzen gibt!
Sie ist altmodisch und viel zu eng!
Papperlapapp! Wir sind hier auf keiner Modeschau!

Bring mich zur Börse! Ich werde erwartet.
WRUUUMMM!
Steig nicht so aufs Gaspedal, du Verschwender!
Da wären wir.
Fahr gleich weiter zur Post, und gib das Paket auf! Um zehn holst du mich wieder ab.
ULMENALLEE
GEHEN
EINBAHNSTRASSE
Es ist schon eine Wonne, diesen Schlitten durch die Straßenschluchten zu steuern!
LUFT-HALMA
JÄGER DER VERLORENEN LAMPE
DUCKBURGER
TRINKT DUCKOLA
SONDERFAHRT
TAXI

Womit ich nichts gegen meinen 313 gesagt haben will. Aber Kleinwagen ist halt Kleinwagen!
Ich muss nur höllisch aufpassen, dass der Lack auch ja keinen Kratzer abkriegt!
UNTERFÜHRUNG
POSTAMT
WRUMM! WROMM!
Oh, was für ein Glück! Genau vor der Post ist ein Parkplatz frei.
Und keine Schlange vorm Schalter! Überaus erfreulich!
BRIEFMARKEN
POSTGIRO
TELEGRAMM

Aber...
PAKETANNAHME
Ein Paket? Da müssen Sie erst dieses Formular ausfüllen, junger Mann! Hier, bitte!
Wie? Na schön!
WUSCH!
So, das wär auch schon erledigt.
Wah! Aus welcher finstren Grube kommt denn diese Schlange plötzlich her?
SPARBÜCHER
PAKETANNAH
PAKETANNAHME
I BOXEN
ABFÄLLE
Aber ich war zuerst da! Sie müssen mich vorlassen, hören Sie?
Halt!
Vordrängeln, wie?
Nein, ich war...
I BOXEN

Anstellen!
Jajajaja!
I ♥ BOXEN
Ich schaff's nie bis zehn! Das gibt wieder Ärger!
AUSKUNFT
Eine geschlagene Stunde später...
Moment mal! Hier stimmt doch was nicht! Aber was?
PARKEN NUR MIT PARKSCHEIBE
Kreisch! D-die Limousine ist weg! Gestohlen!
5691

Wie bring ich das Onkel Dagobert bei?
Da vorn fährt ja meine Limousine! Wenn ich mich spute, kann ich sie noch einholen!
ZENTRUM
BUS-HALTESTELLE
WROOOMMM!
Halt! Stehenbleiben! Stopp!
He! Vorsicht, Mann!
BITTE WARTEN
BREEEMS!
Aber nach einhundert Metern...
Keuch! Ich kann nicht mehr!
EINBAHNSTRASSE
Oha! Der kommt mir wie gerufen!
Alice im Wunderland

Schnell, Kleiner, leih mir dein Skateboard! Ich muss einen Autodieb stellen!
Leihen ist nicht! Aber wenn Sie einen guten Preis zahlen...
KINO
BANK
Na schön, da hast du zwanzig Taler!
Soll das ein Witz sein? Wenn ich von einem guten Preis rede...
...meine ich damit gut für mich! Einen Fünfziger müssen Sie schon lockermachen. Drunter geht nichts!
Hrrrmpf!
Aber jetzt kann mich nichts mehr aufhalten! Werd' gleich mal Tempo bolzen!
BITTE WARTEN
SEID NETT ZUEINANDER
RATTATTAZOOOOMM!

CAFÉ
Boutiq
Klasse, wenn man so locker durch den Stau brettern kann!
ZUUUUMM!
Werd' immer schneller... huch! **Ein Steilhang!**
ZUUUMM!
Warum hat dieses Ding denn kein Bremspedal? **Hilfe!**
SCHREIBWARE
ROOOAAAR!
RATTATTAZOOOMM!

Ein Fallschirm! Wo krieg ich auf die Schnelle bloß einen Fallschirm her?
SAUUUUUUS!
KRASCHENG!
DISCOTHEK
TRINKT
HI-FI
EIN UFO?
Meine Hochachtung! Die Empfänge bei Ihnen sind immer ganz wundervoll!
Vielen Dank, mein Lieber! Sie wissen, ich lege Wert auf Perfektion.
Unliebsame Zwischenfälle sind mir ein Gräuel. Ein Glas Bowle gefällig?
Gern! Aber nur einen winzigen Schluck!

Huch!
SPRATZ!
Einen winzigen Schluck, sagte ich, meine Liebe!
Oh, Verzeihung! Ich hoffe, ich komm' nicht ungelegen!
Danke für die Bowle! Ist da der Ausgang?
Ich geh doch schon!
GRRRR!
SAUS!
GRUFF!
BÄFF!
BÄFF!

KEEP ON
DUCKIN'
© Disney

Keuch! Ein Lastwagen! Der könnte meine Rettung vor diesen Biestern sein!
WRUMMM!
KLÄFF!
WAFF!
HOTEL
Uff! Das war aber arg knapp!
WUFF!
GRRRR!
KLÄFF!
Tschüs! Ich werd' euch vermissen!
PETER PAN von Walt Disney
GRUFF!
KLÄFF!
RUMPEL!
Hier sitz ich nun, ich armer Tor! (Seufz)...
...Aber was seh ich denn da? Da rollt ja der Moneta! So ein Glück!

Der Abstand ist genau richtig.
ENTENHAUSEN ZENTRUM
SOW
HOTE
Jetzt zeigt sich, was ein guter Turner ist!
Aber hab ich auch den nötigen Mut dazu? Hm, ich muss nur an Onkel Dagobert denken!
Was macht denn der Mann?
Der spielt wohl eine Stuntszene für einen Film!
TRÖÖÖT!
HUUUP!
QUIETSCH!
EINBAHNSTRASSE
BUS-HALTE-STELLE

Bieg links ab! Das ist der kürzere Weg.
Okay!
Schluck! Jetzt oder nie!
BLINK! BLINK! BLINK!
Aaaaah!
HOPS!
WRUMMM!
BLINK! BLINK! BLINK!
KAWOMMMS!
Hm... ist wohl doch kein Stuntman!
?
BAHNSTRASS

Eigentlich kann dieser Tag nur noch besser werden!
Oh! Ein Taxi! Hallo, hierher!
TAXI
HAUPTBAHNHOF
LIES MICKYVISION
LIMONEN-SODA
DUCKOLA
DER DURSTLÖSCHER
Schnell, folgen Sie dieser Limousine da vorn!
Okay!
TAXI-STAND
EINBAHNSTRASSE
8412
WROOOUUUMMMM!
Aber sämtliche anfallenden Strafzettel gehen auf Ihre Kosten. Ist Ihnen das auch klar?
Ahm... ja, ja!

Geld spielt keine Rolle! Hauptsache, Sie schaffen es, die Limousine einzuholen!
So, Auftrag ausgeführt!
Prima! Der Wagen ist genau vor uns, und die Ampel schaltet auf Rot.
Jetzt schnappe ich mir diesen gemeinen Autodieb!
He, Freundchen, wie sieht's mit Bezahlen aus?
DER DURST-LÖSCHER
FUNKTAXI WAGEN 312
WETZ!
SCHARR!
Loslassen! Ich zahle gleich nachher!
Nichts da! Jetzt zahlst du!
Ich muss doch den Kerl vom Lenkrad wegholen!
Auf den Trick fall' ich nicht rein, Sportsfreund!

Hier! Ich hoffe, das reicht!
O nein! Es fehlt noch ein ganzer Taler!
Ich finde aber grade keinen. Haben Sie doch ein Einsehen!
Nichts zu machen!
Verflixt! Die Ampel schaltet auf Grün!
WRUUMMM!
Das verdanke ich Ihrer Sturheit!
Soll ich den Moneta weiter verfolgen?
Okay! Aber diesmal bezahle ich im Voraus. Hier!
Bitte, wie Sie wollen!

HUUP!
HUUUP!
Danke! Na, wer sagt's denn! Gleich haben wir ihn eingeholt.
Noch mal entwischt er nicht!
WRUMM
ROOAAAR
TATÜTATA! TATÜTATA!
TATÜATAAAAAAAAAA!
TATÜATAAAAAAAAAA!
Oder doch?
POLIZEI
Na, die Herren haben's wohl sehr eilig?! Das kostet eine Kleinigkeit.
Er bezahlt!
Aber Herr Wachtmeister, das ist ein Notfall!
FLINKE FRITZ
FUNKTAXI WAGEN 312

Natürlich! Das behaupten alle. Macht vierzig Taler!
Sie glauben mir nicht?
BUSS-GELD
Oje! Jetzt holen wir die Limousine bestimmt nicht mehr ein.
Sie verfolgen einen Wagen?
Ja. Der Moneta gehört meinem Onkel. Er wurde mir gestohlen.
Das hätten Sie doch gleich sagen können. Los, Mann, den erwischen wir noch!
Oh, heißt das, ich muss das Bußgeld nun nicht mehr bezahlen?
Doch! Sobald wir den Dieb geschnappt haben. Los, steigen Sie auf, es eilt!
WROMM! WROMM!
Doch bereits nach wenigen hundert Metern...
Du meine Güte! Ist das ein Stau!
Da kommen wir nicht mal mit dem Motorrad durch. Mist!
HUUUP!
DÜÜÜT!
DRÖHN!
SPOTZ!
HUP!
HUUUP!
WROMMM!

Da! Da! Ich seh' ihn! Da vorn fährt er!
Wenn alles verstopft ist, gibt's nur eine Lösung!
Man setzt seinen Weg zu Fuß fort!
HOPS!
DOING!
HÜPF!
BOLLER!
Ein Glück, dass ich sportlich bin! Noch ein paar Sprünge...
HOPS!
HÜPF!
Schläfst du mit offenen Augen? Es geht weiter. Fahr!
Wie? Ach so, sofort!

Uaah!
Verrückt! Heute kommen sie von allen Seiten.
DOING!
HAUPTBAHNHOF
WROOOMM!
PLUMPS!
Mir dreht sich alles! Wird langsam zu einer Gewohnheit!
TSCHILP!
ZWITSCHER!
DÜÜT!
WROMM!
HUUUUP!
Sind Sie wahnsinnig? Mein Bus ist doch kein Trampolin!
ZUUUMM!
ZIIIP!
WRUUUOOOOMM!
Huch! Grade eben war doch noch alles verstopft!

Mann, o Mann! Es ist zum Verrücktwerden! Keine Spur mehr von der Limousine!
Was jetzt? Geh' ich zu Onkel Dagobert, oder wandere ich gleich aus?
Doch wie es der Zufall so will, ein paar hundert Meter weiter...
TV 1
PARKEN NUR FÜR LIMOUSINEN
EINBAHNSTRASSE
Aaah! Hab ich schon Halluzinationen? D-d-die Limo!
Nein, du bist es wirklich! Heißa! Wenn du wüsstest, wie ich nach dir gesucht habe!
Endlich ist der Alptraum vorüber. Wenn ich das den Kindern erzähle!

Hm... merkwürdig! Wieso passt denn der Zündschlüssel nicht?
Na, haben Sie Probleme?
Oh, Sie sind's! Ja, mit dem Zündschlüssel.
BONZENHALLE
PARKE
NUR FÜ
LIMOU
POLIZEI
Er lässt sich einfach nicht umdrehen.
Darf ich mal?
Hm... nichts zu machen! Und es ist sicher Ihr Wagen?
Wollen Sie die Papiere sehen?
Ja, schau sich einer doch diesen dreisten Gauner an! Das ist nicht Ihrer!
Wie?

Kurz darauf, im Polizeirevier...
Sie wollten den Wagen stehlen!
Und ich sollte ihm auch noch dabei helfen.
24
Nein, das ist ein Irrtum!
Schluss jetzt! Leugnen ist zwecklos.
Herr Inspektor, da kommt der rechtmäßige Besitzer.
Klaas Klever?
Donald Duck?

Schnell ist alles geklärt...
Haha! Die Verwechslung passt zu Donald!
Na bitte!
Hm! Aber...
Ich habe mir die gleiche Limousine gekauft wie mein Kollege Dagobert Duck.
Als ich damit an der Post vorbeifuhr, glaubte Donald, den gestohlenen Wagen zu sehen, und spurtete los.
Also keine Anzeige?
Aber nein! Was der Ärmste durchmachte, war Strafe genug. Haha!

Nichts für ungut! Ich habe nur meine Pflicht getan.
Schon recht!
Schluck! Das Schlimmste steht mir noch bevor!
Onkel Dagobert wird mich zerreißen!
HIFI
BÄCKEREI
DD
TAXI
Donald! Darf man erfahren, wo du dich die ganze Zeit rumgetrieben hast?
Ich... äh... also... öh...

Ich hatte ein klitzekleines Problem, weißt du?
Faule Ausrede!
Weil du mich nicht abgeholt hast, hab' ich ein Taxi nehmen müssen.
Ach, wenn das alles wär'...
Und dann musste ich meinen Wagen auch noch selbst fahren. Er war genau vor der Post geparkt.
DD
Zum Glück hatte ich den Ersatzschlüssel dabei. Es ist dir hoffentlich klar, dass ich dir die Taxikosten vom Gehalt abziehe!
Du? Du hast die Limousine...
Ts, ts! Diese verweichlichte Jugend von heute! Dabei weiß er noch gar nicht, wieviel das Taxi gekostet hat!
DD-1
ENDE

DER NEUESTE SCHREI

VEREIN VIER RÄDER
Die Jungs wissen zu schätzen, wie besonders mein 313 ist. Ich könnte mich nie von ihm trennen!
Huch? Hat jemand seinen Wagen zu heiß gewaschen?
Nicht doch, mein Guter. Ich fahre jetzt Clever – ein sogenanntes Mikromobil!
Kicher! Nein, wie putzig!
Darf ich die Dame zu einer Fahrt einladen? Bitte die Beine anziehen!
Das ist der neueste Schrei! Jeder, der was auf sich hält, fährt einen.
Hrmpf!

Hallo, Donald! Hast du deine Karre mal wieder aus dem Museum entführt?
Grrr!
Haha!
Drehst du bald einen Historienfilm über den ersten Schrottplatz?
Von wegen, sie wissen ihn zu schätzen. Na wartet!
ZUMM
Ich brauche die klitzekleinste Karre, die Sie haben!
Aber gerne!
AUTOPALAST
Hier das Modell aus Liechtenstein!
Bitte!
Schluck! Äh... Hätten Sie auch einen Zweisitzer?

Aber sicher doch! Dieser Minicedes ist komfortabel und geräumig und trotzdem können Sie ihn in Ihrem Schuhschrank parken!
Toll! Was kostet der?
Wir nehmen Ihren alten Wagen in Zahlung und den Rest können Sie in 45 Monatsraten begleichen.
Abgemacht!
Kurz darauf...
Daisy! Daisy!
QUIETSCH!
Sehr schick, Donald! Das ist wirklich der allerneueste Schrei unter den Mikromobilen.
He, he!
Später...
Hey, Kinder! Soll ich euch in unserem neuen Auto nach Hause fahren?
Huch! Ist das ein sehr kleines Auto oder ein sehr großer Rollschuh?
Das ist der neueste Schrei, ihr Banausen! Zieht die Bäuche ein und hüpft rein!

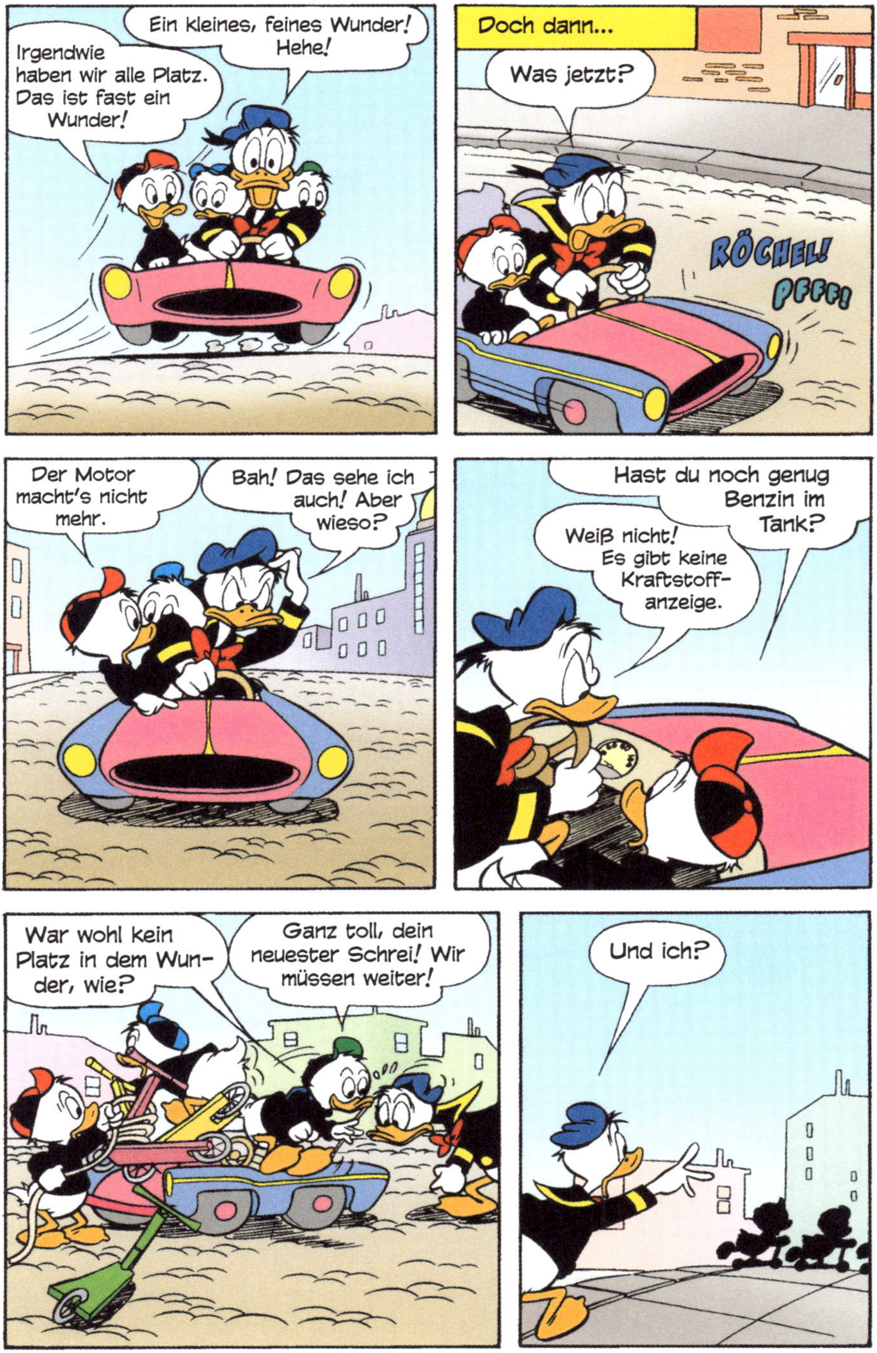
Irgendwie haben wir alle Platz. Das ist fast ein Wunder!
Ein kleines, feines Wunder! Hehe!
Doch dann...
Was jetzt?
RÖCHEL!
PFFF!
Der Motor macht's nicht mehr.
Bah! Das sehe ich auch! Aber wieso?
Hast du noch genug Benzin im Tank?
Weiß nicht! Es gibt keine Kraftstoff-anzeige.
War wohl kein Platz in dem Wun-der, wie?
Ganz toll, dein neuester Schrei! Wir müssen weiter!
Und ich?

Ich weiß!
BLAMM!
Später...
Uff! Puh, das schlaucht auf Dauer...
WERKSTATT
Diese Minidinger sind ja toll, aber die Ausstattung ist mir eindeutig zu mikroskopisch! Bauen Sie mir alle Instrumente und Apparate ein, die auch in einem normal großen Auto zu finden sind.
Aber...
Keine Diskussionen! Ich zahle, Sie machen!
Wenn Sie wünschen... Kommen Sie in einer Woche wieder!
Nach sieben Tagen...
WERKSTATT
Ist mein Wagen startklar?
Ja, aber...

Spannen Sie mich nicht auf die Folter! Ich muss zu meinem Klub-treffen!
Holst du Ducks Auto, Ede?
Aah! Was haben Sie gemacht?
Genau was Sie wollten! Alles installiert!
Jetzt hat der Wagen Anzeiger für Reifendruck, Temperatur, Benzin... wir hatten leider nicht viel Platz, um alles einzubauen!
Aber wie sieht es jetzt aus? Gar nicht!
Tja, diese Mikroautos sind halt in erster Linie zum Angeben gedacht, und nicht zum Fahren. Die holen sich reiche Spi... Liebhaber als Zweitwagen!
Zweitwagen? Ich kann mir nicht mal den einen leisten!
Das hätten Sie sich überlegen sollen, bevor Sie blindlings den neuesten Schrei kaufen. Sollen wir die Sachen wieder ausbauen?
Ja! Grr!
Eine Woche darauf...
Daisy war nicht zu Hause. Seltsam! Sie wusste doch, dass ich sie zu unserem Klubtreffen mitnehmen wollte.

Uah! Was sind für überdimensionierte Untersätze?
Tag, Donald! Wie gefällt dir meine neue **G-Klasse?** G wie gigantisch!
Pff! War es dir peinlich, mit deinem Mikromistding gesehen zu werden, wenn ich mit meinem Minicedes komme? Der neueste Schrei!
Hast du gehört, Daisy? Der denkt wirklich, Mikromobile wären noch angesagt.
Tsk, tsk!
Geh doch mal mit der Zeit, Donald! Der Trend ist schon längst vergangen. Je größer, desto besser, heißt es gerade!
So kennen wir Donald. Hinkt hinterher – in jeglicher Beziehung!
Bah!
Guten Tag, Herr Duck! Alles klar mit Ihrem Mikro?
Den können Sie im nächsten Papierkorb parken! Ich will das größte Modell, das Sie haben!
AUTOP

Ah, Sie haben auch den neuen Trend für sich entdeckt? Sehr gut! Folgen Sie mir in unsere Fabrikhalle.
Ah, da sind die Autos der G-Klasse drin? Wie viele Exemplare denn?
Ähm... genau eines! Dieses Auto ist so riesig, zum Zubehör gehören Rollschuhe, damit Sie schneller vom Kofferraum zur Motorhaube kommen!
Und so...
Also, Sie tauschen ihr Mikromobil ein und bezahlen lediglich 29 zusätzliche Monatsraten. Ein faires Angebot, oder?
Sicher!
AUTOPALAST

Später, im Klub...
Und, wie viele Parkplätze belegst du mit deiner G-Klasse?
Zweieinhalb schaffe ich. Immer wieder ein köstlicher Anblick!
Schau mal!
Wie geht's, Kollegen? Was haltet ihr von meiner bescheidenen Karre?
Sensationell, Donald! Wie viele Millimeter schafft der per Liter?
Tag, Gustav? Da bist du platt, was? Der neueste Schrei!
Wow! Ich bin begeistert, Donald!
Steig ein, Daisy. Spritztour gefällig?
Du fragst noch?

KRACH!
Was für ein Monstrum!
QUIIIETSCH!
Trend hin, Trend her, die Kiste lenkt sich so elegant wie eine Badewanne...
Bieg rechts ab, Donald! Das ist der kürzeste Weg zu mir.
Ich versuch's, aber die Kurve...
TOCK!
Oh-oh! Zu wenig Platz! Ich kann nicht richtig wenden.
APOTHEKE
HUP! HUP!
Weg mit dem Panzer!
Sind Sie wahnsinnig, Mann?
HUUP!

He, Sie! Ich gebe Ihnen eine Minute, Ihre Elefantenschaukel wegzufahren!
Es geht nicht!
Ich zähle die Zeit! Das wird teuer, Mann!
Vielleicht können wir helfen!
Gemeinsam können wir Ihre Karre anheben und sie so stellen, dass Sie weiterfahren können!
Wie nett von Ihnen! Dafür haben Sie meinen ewigen Dank!
Ewigen Dank brauchen wir nicht. Geben Sie uns lieber vergängliches Geld!
Das ist Ausbeutung!
Wir können's auch lassen. Wir verlangen weniger als der Abschleppdienst! Aber wenn Sie den lieber bezahlen wollen...
Entscheiden Sie sich! Jede Sekunde, die Sie weiter zögern, kostet Sie mehr!
Schon gut!

Also bezahlt man lieber die starken Jungs...
Donald! Du hast die Handbremse nicht angezogen!
Grmpf! Hier, euer Honorar!
Aahh! Bitte nicht! Wenn du ein Herz unter der Haube hast, halt an!
BAMM!
SCHEPPER!
Neein!
KRACH!
Daher...
Herr Düsentrieb, Sie müssen mir helfen! Dieser Schrotthaufen da war mal ein Auto. Wenn es jemand schafft, ihn wieder zusammenzusetzen, dann Sie!
Hmm, ich tue mein Bestes! Genau wie vorher werde ich ihn nicht mehr hinkriegen... aber ich kann improvisieren!
DANIEL DÜSENTRIEB
ICH ERFINDE ALLES

Ein paar Tage später...
Was ist das?
HUP! HUP!
I-ist das mein Auto?
Na, was halten Sie davon, Herr Duck?
Viele Teile waren nicht mehr vorhanden oder brauchbar. Daher musste ich etwas kreativer werden!
A-ach so!
Seufz! Das hab ich davon, dass ich den neuesten Schrei haben wollte! Das ist der vorsintflutlichste Wagen der Stadt!
Ich werde den Autohändler fragen, ob er mir für diese Schrottlaube wenigstens ein oder zwei Monatsraten erlassen kann.
LAST
Herr Duck! Ist das Ihr Wagen?
J-Ja! Sehen Sie, es war so...

Aber das ist ja eine perfekte Nachbildung eines Fordyota von 1932! Davon soll es kein Exemplar mehr geben. Dieser Wagen hat einen unschätzbaren Wert...
Also... einen ideellen, meine ich! Für einen Nostalgiker wie mich, hehe. Was halten Sie davon, wenn Sie mir dieses Auto geben und Sie erhalten Ihr altes dafür zurück?
Was?
Davon hält man viel...
Mein guter alter 313! Was war ich für ein Dummkopf. Du kommst nie aus der Mode!
DONALD DUCK
Keuch! Aber das ist...
HUP! HUP!
Schluck!
Tag, Donald! Schau dir mein neues Auto an! Ein Fordyota von 1932!
KRINTSCH!
Oldtimer sind nämlich der neueste Schrei. Und den habe ich zufällig auf dem Schrottplatz entdeckt. Experten sagen, er ist Millionen wert und... was hast du denn?
ENDE

DER OLDTIMER
WALT DISNEY
W/O.S. 1184 G
Vollmachen, Herr Düsentrieb?
Das erübrigt sich, Meister! Mein Wagen wird durch eine Art Perpetuum mobile angetrieben.
BENZIN
Und was ist mit der Batterie? Ich hätte grad welche günstig im Angebot.
BATTERIEN
Erübrigt sich auch!
Ich hab eine Spezialbatterie! Wird mit Sonnenenergie gespeist!
?
Okay! Und wie wär's mit neuen Reifen?
Tut mir leid!
Aber meine Reifen fahren sich nie ab. Für die Erneuerung der Laufschicht sorgt ein geniales Rollsystem im Kotflügel.
Ja, spinnen Sie?
BENZIN
Warum halten Sie an einer Tankstelle, wenn Ihre Kiste so ein modernes Wunder ist, dass sie nichts, aber auch gar nichts braucht?
Schlürf! Mein Auto mag modern sein, ich bin noch ganz und gar altmodisch!
ENDE

Galerie: Autos aus Entenhausen

Die Entenhausener Fahrzeugindustrie mag nicht die schnittigsten, komfortabelsten und ganz bestimmt nicht die sichersten Autos hervorbringen – aber dafür die originellsten.
Auf den folgenden Seiten präsentieren wir eine kleine Auswahl.

VEGGIEMOBIL

„Die Diktatur des mobilen Brennstoffs ist vorbei!", jubelte Dagobert Duck, als er das erste grasbetriebene Auto vorstellte, das mit seiner blechernen Schnauze Kräuter und Gräser aufnimmt und sie in Energie umsetzt – natürlich eine Erfindung von Daniel Düsentrieb. Doch zeigte sich bald, dass Duck bei der Einführung des Veggiemobils nicht nur das Wohlergehen der Umwelt, sondern vor allem das seines Kontostandes im Sinn hatte: Als Eigentümer fast aller Grünflächen in Entenhausen erhob er auf das „Tanken" der vegetarischen Wagen nämlich gesalzene Preise. Da sich die Veggiemobile zudem häufig die metallenen Mägen verdarben, stiegen auch die größten Naturfreunde schnell wieder auf Benzinkutschen um.
Einige Jahre später entwickelte Düsentrieb ein ähnliches Modell, das allerdings an einem ganz anderen Problem krankte – es nahm Gras nämlich nicht nur auf wie ein Lebewesen, sondern schied es ebenso aus …

DOPPEL-OLDTIMER

Highlight der Feierlichkeiten zur Hundertjahrfeier Entenhausens war das Rennen der Oldtimer: Je lärmender der Motor und giftiger die Auspuffgase, desto besser, lautete die Devise. Donald Ducks Töfftöff und Dagobert Ducks Daimler-Motorkutsche, betrieben mit einer Mischung aus Petroleum und Lebertran, führten das Feld an. Ein Crash vereinte die beiden Wagen auf wundersame Weise zum achträdrigen Doppel-Oldtimer, der als Erster das Ziel erreichte und doch nicht das Rennen machte – denn selbiges sollte der *schlechteste* Fahrer gewinnen. Ihren Frust über diese eigenwillige Regelung ließen die Herren Duck am Schiedsrichter aus. Sie hatten jedoch Glück, bei der anschließenden Gerichtsverhandlung wegen Körperverletzung an einen autobegeisterten Vorsitzenden zu geraten, der sich mit einer Probefahrt in der Kombikutsche bestechen ließ.

MONETA PROTZ

Der allgemein als, gelinde gesagt, sparsam bekannte Dagobert Duck schwelgt eigentlich auch bei der Autowahl ungerne im Luxus. Magnaten wie er müssen jedoch beizeiten Geschäftspartner beeindrucken bzw. einschüchtern, und das gelingt besonders gut, wenn man schon bei der Anfahrt klarmacht, wer die längste Limousine hat. Daher besitzt Duck einige beeindruckende, wenn auch im Straßenverkehr eher unpraktische Luxusschlitten. Besonders gut gefällt ihm der Moneta Protz, denn dieser sehr geräumige Wagen lässt sich mit ein paar Holzstühlen einfach zum Taxi umfunktionieren und macht so die immensen Benzin- und Fahrerkosten wenigstens halbwegs wett. Daniel Düsentrieb baute Duck zudem für besonders eilige Fälle eine Flugfunktion ein.

HYPERAUTO

Autos, die lenkradlos fahren, ferngesteuert von elektromagnetischen Wellen – um diese Wunderwerke der Technik wollte Dagobert Duck eine ganze Stadt bauen. Doch wie so oft standen menschliche Schwächen dem Fortschritt im Weg. Einigen war diese Art von Kontrollverlust schlicht unheimlich (auch wenn dagegen das fensterlose Sicherheitsmodell, intern Modell Angsthase genannt, Abhilfe schaffen sollte), doch als weitaus größeres Problem stellte sich heraus, dass die Magnetwellen den Fernsehempfang störten …

BETONGOMOBIL

Viele fahrbare Untersätze aus der Düsentrieb'schen Erfinderschmiede bringen es nie über die erste Probefahrt hinaus, da sie zwar theoretisch genial sind, in der Praxis jedoch zumeist einen Haken haben. Das Betongomobil bespielsweise, ein mit einem Betonmischer angetriebenes Raketenauto, erwies sich als unkontrollierbar. Testfahrer Donald Duck konnte nicht mehr bremsen und steuerte das Gefährt in einen Bergwerksstollen, wo es seither als überdimensionierte Bohrmaschine Verwendung findet.

DUCKOMOBIL 1963

Ein gewagtes Experiment aus den Duck'schen Motoren-Werken stellte die 1963er Version des sonst so biederen Duckomobils dar. Schreiend pink, mit Rüschen an der Karosserie, einem Damenhut als Dach und kecken Scheinwerferwimperm – kaum zu glauben, doch die holde Weiblichkeit war von der Klischeekarre mehr als angetan. So waren die Zeiten …

HOCHLEISTUNGSDIENSTWAGEN

Dieses retrofuturistisch anmutende Gefährt wurde entwickelt für Politiker, die mit unliebsamen Verzögerungen im Straßenverkehr zu kämpfen haben. Dank installierter Sprungfeder passt der HDW in die schmalste Parklücke, während ausfahrbare Räder dafür sorgen, dass man sich auch bei größter Verkehrsdichte an anderen Autos einfach vorbeischlängeln kann. Micky Maus, kurzzeitiger Bürgermeister Entenhausens und erster Testfahrer, ließ das Gefährt jedoch nicht für den Straßenverkehr zu.

GOOFOBIL (STADTMODELL)

Wenn auch nicht ganz so umfangreich ausgerüstet wie die Geländelimousine seines Vetters, verfügt doch auch Goofys treues Wägelchen über allerlei Extras, wie Sicherheitsknöpfe (die dazugehörigen Gurte trägt man am Leib), Handspiegel (als Rückspiegelersatz – einstellbar in jede Richtung!) und die obligatorische Ankerbremse. Für einen (Ver-)Querdenker wie Goofy das ideale Gefährt.

TRAKTOR MIT RAKETENANTRIEB

Neben den Intelligenzstrahlen und dem butterlosen Butterbrot gehörte der Traktor mit Raketenantrieb zu den ersten großen Erfindungen von Diplom-Ingenieur Daniel Düsentrieb. Auf einen Kilometer verbrauchte das Gefährt lediglich einen halben Feuerwerkskörper. Die Testfahrt endete jedoch am ersten Baum. Seither entwickelt Düsentrieb meist flugfähige Fahrzeuge.

KLEVER-KOMFORT

„Klotzen, nicht kleckern!", so das Motto von Klaas Klever, dem zweitgrößten Entenhausener Automobilhersteller. Auch die Modelle seiner Marke Klever-Komfort sind der motorisierte Größenwahn und ausgerüstet mit allen Schikanen – was durchaus wörtlich zu verstehen ist, denn ein Feature wie die nach hinten feuernde Steinschleuder machen den Klever zum idealen Fahrzeug für alle, die im Umgang mit anderen Verkehrsteilnehmern ebenso wenig zimperlich sind wie Klever mit seinen Konkurrenten.

LOCHSTÖßEL

Ein Fahrzeug, das an einen Schwertfisch aus Stahl erinnert – mit dieser Konstruktion wollte sich die Panzerknacker AG in Dagobert Ducks neuen, kugelförmigen Geldbehälter bohren. Doch weil dieser einfach aus dem Weg rollte, krachte das liebevoll „Lochstößel" genannte Gefährt stattdessen in einen Öltank. Ansonsten sitzen die Panzerknacker übrigens selten in ihren eigenen Fahrzeugen, denn meistens befinden sie sich entweder in gerade entwendeten Autos oder auf dem Rücksitz eines Polizeiwagens.

DETROIT ELECTRIC

Im Gegensatz zu den anderen hier vorgestellten Autos handelt es bei dem Elektromobil, das die Bäuerin Dorette Duck fährt, nicht um ein Entenhausener Modell: Der Detroit Electric wurde von 1907 bis 1939 in Michigan, USA, von der Anderson Electric Car Company hergestellt. Doch da Wagen und Besitzerin zu den Urgesteinen der Gumpenstadt gehören, darf es hier nicht fehlen. Und weil Frau Duck und ihr Gefährt viele Eigenschaften verbinden – sie sind beide betagt, aber rüstig, bescheiden und verlässlich – denkt sie auch nicht daran, auf modernen Schnickschnack umzusteigen. Bei einer Höchstgeschwindigkeit von 55 km/h kann es jedoch schon mal vorkommen, dass der Detroit Electric von hitzköpfigen Passanten überholt wird.

Walt Disney
DER AUTOKLAU GEHT UM
Kommissar Hunter und Micky Maus stehen vor einem Rätsel. Seit Wochen verschwinden in Entenhausen immer wieder Autos am helllichten Tag von der Straße, ohne dass man von den Fahrzeugen je eine Spur gefunden hätte — ganz zu schweigen von den Dieben!...
Haben Sie uns angerufen? Ihr Auto ist also weg?
Wie vom Erdboden verschwunden! Ich versteh das nicht!
I/T 1227 B-28 A

Ich war nur einen kurzen Moment ausgestiegen, um eine Zeitung zu kaufen!
Es kann sich doch nicht in Luft aufgelöst haben?
Aber das sag ich Ihnen, wenn ich den Kerl erwische, der kann was erleben!
Jeden Tag dasselbe! Und nie hat einer den Dieb gesehen, geschweige denn erkannt!
Unfassbar!
POLIZEI

Nein! Halt!
Mein Auto! Jetzt klauen sie sogar mein Auto!
Los, sofort hinterher! Die schnappen wir uns!
Ja, aber wie?
Wir halten das erstbeste Auto an!
Goofy!
Ja, Micky! Wohin so eilig? Wo brennt's denn?
ABSCHLEPPDIENST GOOFY
ENT 111

Schnell, hinter dem Funkstreifenwagen her! Den fährt ein Dieb!
Waaas?
ENT 111
Also Sachen gibt's!
Die kriegen mich nie! Harharhar!
Schließlich bin ich ja jetzt von der Funkstreife! Platz da, Kollege!
SIRENE
Moment, da kommt ein Streifenwagen! Der hat natürlich Vorfahrt!
TATÜTATÜ!

Na bitte! Läuft ja wie geschmiert!
Schluck! Jetzt kriegt er da vorn auch noch Vorfahrt!
Na ja, der Polizist kann ja nicht wissen, dass das Auto gestohlen ist!
Warum haben Sie ihn denn nicht angehalten?
Wieso denn?
Der Chef verfolgt sein eigenes Auto? Da kann doch was nicht stimmen!
Tut mir leid, aber so ein Streifenwagen ist meiner alten Mühle nun mal über!
Hol halt raus, was geht!

Jetzt geht er in die Falle! Das da vorn ist eine Sackgasse!
Da schnappen wir ihn!
ENT 111
Klasse! Er steht schon bereit!
Ach du Schande! Polizei! Hat die etwa Lunte gerochen?
Oh, du bist's! Ich hab zuerst gemeint...
Irrtum! Aber die Polizei ist mir auf den Fersen! Los, beeil dich!

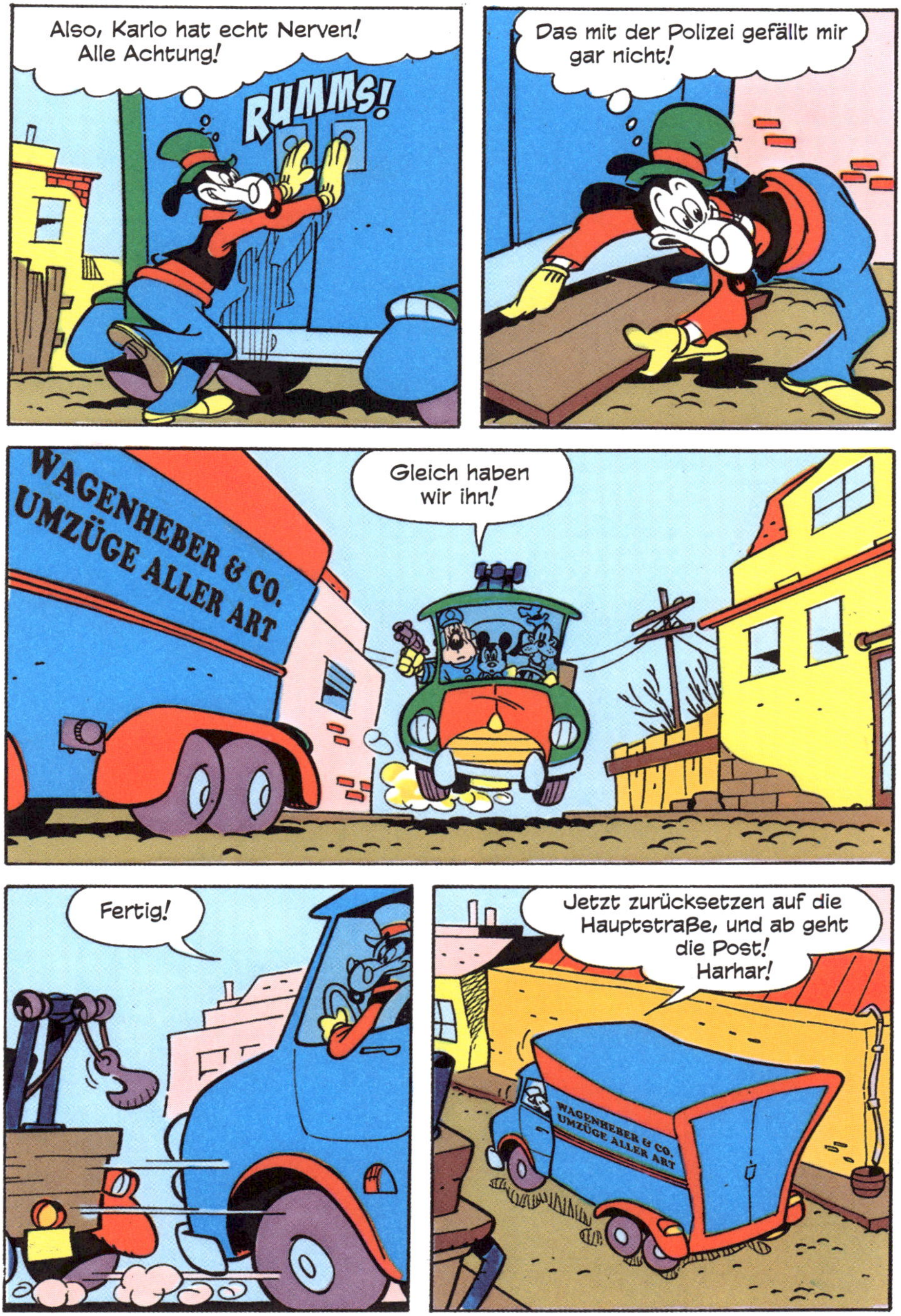
Also, Karlo hat echt Nerven! Alle Achtung!
RUMMS!
Das mit der Polizei gefällt mir gar nicht!
WAGENHEBER & CO.
UMZÜGE ALLER ART
Gleich haben wir ihn!
Fertig!
Jetzt zurücksetzen auf die Hauptstraße, und ab geht die Post! Harhar!
WAGENHEBER & CO.
UMZÜGE ALLER ART

Ja, ja, die Ganoven werden immer einfalls-reicher! Da hat das Auge des Gesetzes es nicht leicht, mit-zuhalten...

Dass die Leute auch immer so unvorsichtig sind und den Schlüssel stecken lassen!
KLINK!
Schnell weg von der Straße!
WAGENHE
& CO.
UMZÜGE ALLER
WRUMMM!
Na, wie haben wir das wieder gemacht?!
Ausgezeichnet!
QUIETSCH!
Dann mal raus mit dem Motörchen! Harhar!
Inzwischen...
Mein Auto ist weg! Polizei!

He, sind Sie verrückt, Mann?!
Mein Auto ist verschwunden! Geklaut! Auf offener Straße! Jetzt eben!
QUIETSCH!
POLIZEI
Hmm! Dann kann der Dieb ja noch nicht weit sein! Geben Sie mir mal eine möglichst detaillierte Beschreibung des Wagens!
Gern! Also er ist...
Brrrr!
Huch! Ich denk, mich tritt...
Entschul-digung!
Schon gut! Machen Sie, dass Sie hier weiter-kommen!

Diese komischen Pferdefuhrwerke sollte man allesamt aus dem Verkehr ziehen!
Polizeiliches Kennzeichen: ENT 1451!
2 DONNERSTAG
Sie haben rechts hinten einen Platten, guter Mann!
Oh, danke!
ENT 351
Kann ich helfen?
Danke, ich schaff's schon! Sehr freundlich!
Komisch! Was soll denn hier platt sein?

Haaaalt!
Hilfe! Diebe! Man hat mein Auto geklaut!
3
FREITAG
Ja, so ist's gut!
Okay! Du kannst hoch-kurbeln!

He!
KLONG!
KNATTER!
FLAP!
FLAP!
Keine Angst! Wir werden das Ding mit Ihrem Wagen schon schaukeln!
Halt! Nicht!
Wer wird denn gleich in die Luft gehen? Harhar!
Genau. Nur die Ruhe!
4
SAMSTAG
Ein Traumwagen!
WAGENHEBER & CO
ENT 100

Jetzt nichts wie drauf mit den Blumen! Das schmückt!
Wetten, dass wir den schönsten Wagen haben?
Und dass ihn sein Herrchen kaum mehr wiedererkennen wird?!
Achtung! Sie kommen!
Dann wollen wir mal! Auf mit dem Tor!
Ein toller Wagen!
Danke für das Kompliment!

Danke, Herrschaften!
Vielen Dank, meine Dame!
Noch eine kleine Spende für arme Waisenkinder?
5
SONNTAG
Endstation! Alles aussteigen bitte!
13
ENDSTATION LINIE 15
Jetzt bist du dran!
Kannst es wohl kaum erwarten, bis du heimkommst, wie?
Harhar! Wenn der wüsste, dass sein echter Kollege geknebelt im Depot liegt und ich nur den Bus abhole! Harhar!
WRUMMM!

6
MONTAG
Ist was kaputt?
Nööö!
Wenn sich die Leute nur nicht immer ins Parkverbot stellen würden!
Jetzt kann er seinen Schlitten draußen im Westend auf dem Sammelparkplatz wieder abholen!
1,50 T
Es gibt halt zu wenig Parkplätze in der Stadt!
Huch! Wo ist denn mein Auto?

Regen Sie sich nicht auf! Es wurde nur von der Polizei abgeschleppt!
Wie bitte? „Nur" sagen Sie?!
Na ja, weil's eben im Halteverbot stand!
Verrückt geworden, wie? Hier gab's noch nie ein Halteverbot!
Und die Polizei ist das bestimmt nicht gewesen!
Aua!
Ich bin nämlich selber von der Polizei! Grrr!
Bloß weg hier!
7
DIENSTAG
Stell dir vor, heut Nacht haben sie acht Autos gestohlen!
Ich weiß! Es sind auch schon sämtliche Streifenwagen im Einsatz!
WAGENHEBER & CO.
UMZÜGE ALLER ART

Ein Auto-transporter!
Komm, den weisen wir ein!
Jetzt ganz ein-schlagen!
Vielen Dank!
Wenn der die Nummernschilder gesehen hätte! Harhar!
Hat er aber nicht! Hehe!
Ganz schöne Aus-beute in den letzten Tagen, was?
Und ob! Jede Menge Material zum Aus-schlachten!
GEBRAUCHTWAGEN
AN-UND VERKAUF
HIER BEDIENT SIE DER CHEF PERSÖNLICH!

Noch ein Stück zurück!
Okay!
So, jetzt mach' ich mir meinen Spezialwagen stadtfein!
In einem echten Polizeiwagen wollt ich schon immer gern mal fahren!
Und so...
Das schraub ich besser ab! Zu auffällig!
Und jetzt die Nummernschilder!
SURR!

Wirkt doch etwas unauffälliger als das von der Polizei!
ENT 134
Vergiss nicht, das Funkgerät auszubauen!
Geht in Ordnung!
Und dass du mir die Chromteile ordentlich mit Klebeband abdeckst!
Klar!
So, und jetzt unter die Wasch- und Lackieranlage mit dir, Freundchen!
SPRITZ!
Wenn das keine tolle Erfindung ist!

Endlich...
Fantastisch! Das muss erst mal gefeiert werden!
Klar, Karlo!
Auf unsre Geschäfte und auf unsren abgelegenen Schlupfwinkel!
KLING!
Ein Glück, dass die Tankstelle da drüben nicht in Betrieb ist! So merkt keiner was!
BENZIN
GESCHLOSSEN!
?
?
Dumdidel-dumm! Fidelbumm!
ABSCHLEPPDIENST GOOFY
ENT 111

Dann wollen wir dich mal umdrehn, Schildchen! So!
GEÖFFNET!
Goofy! Hat der etwa jetzt die Tankstelle gepachtet?
Das passt uns aber gar nicht!
Na warte! Wir werden schon dafür sorgen, dass der's nicht lang hier aushält!
Ich hab auch schon eine Idee! Dem werd' ich das Handwerk legen!
Telefon? Hurra, mein erster Kunde!
SCHRILL!
SCHRILL!
Hallo! Ich hier! Wer dort?

Hallo! Ist dort die Tankstelle Goofy? Hier spricht der Bürgermeister!
Schluck! Der Bürgermeister persönlich!
Mein Wagen streikt! Könnten Sie ihn mit Ihrem Abschleppfahrzeug abholen und reparieren?
BLINZEL!
BLINZEL!
Aber selbstverständlich, Herr Bürgermeister! Bin sozusagen schon da!
Mann, das fängt ja hervorragend an!
ABSCHLEPPDIENST GOOFY
ENT 111

Harhar! Der Bürgermeister wird schön blöd schauen, wenn Goofy sein Auto abschleppt!
Komm, für uns wird's jetzt höchste Zeit!
Aha, da steht ja der Bürgermeister-Schlitten!
Er soll mit mir zufrieden sein!
ENT
Schluck! Was seh ich denn da?

Der arme Goofy sitzt ganz schön in der Klemme! Sollte er wirklich für Kater Karlos Boshaftigkeit büßen müssen? Schauen wir doch mal, wie die Nachricht von Kommissar Hunter und Micky aufgenommen wird...

Sie haben den Autodieb erwischt!
Endlich!
Goofy!?
Sie kennen ihn?
Was ist denn passiert, Goofy?
Ehrenwort! Es hat geheißen, ich soll das Auto vom Bürgermeister abholen!
Der Bürgermeister sagt aber, er habe nicht telefoniert!
Sehr mysteriös, das Ganze!
Sie müssen mir bei der Aufklärung helfen, Herr Maus!

Wenig später ist der Fall klar...
Da will dir jemand seine Verbrechen in die Schuhe schieben!
Aber wer?
Keine Ahnung! Es muss irgendwie mit deiner neuen Autowerkstatt zusammenhängen!
Aber ich hab doch keinem was davon erzählt!
Trotzdem hat dich gleich einer angerufen, kaum dass du hier den Laden aufgemacht hast!
Das stimmt!
Inzwischen...
Ich kümmer mich um die Zapfsäule, du übernimmst die Hebebühne!
Ach, ist Sabotieren schön! Harhar!

Der lange Lulatsch wird sich wundern!
So, jetzt noch der Luftdruckmesser!
Geschafft!
Alles klar mit der Hebebühne?
Alles klar!
Wird besser sein, wir nehmen uns auch sein Telefon vor! Ich will die Gespräche mitkriegen!
So, jetzt kann's losgehen!

Du stehst hier Wache!
Okay!
Da kommt er! Verflixt! Der kleine Schnüffler ist auch dabei!
Hast du gesehen? Da ist ja jetzt ein riesiges Gebrauchtwagen-Center!
BENZIN
ENT 111
Den Container-Wagen hab ich doch schon mal wo gesehen! Hm...
WAGENHEBER & CO.
UMZÜGE ALLER ART
Natürlich! Das ist der Laster aus der Sackgasse, in der Kommissar Hunters Auto verschwand!

An was du dich alles erinnern kannst! Toll!
Tja, ich glaub, ich bin bereits auf der richtigen Spur!
Echt?
BENZIN
Da! Die Kunden kommen schon geströmt!
Könnten Sie mir den Luftdruck messen? Bin gleich wieder da!
Aber natürlich!
Einmal Ölwechsel, bitte! Ich komm in einer Stunde wieder!
Wird gemacht, der Herr!

Mein Motor streikt! Könnten Sie mal einen Blick drauf werfen?
Natürlich! Wird heute noch erledigt!
Pass auf, Micky! Du übernimmst die Zapfsäule, ich bin für die Reparaturen zuständig!
Gut!
So! Der Kunde hier schien es besonders eilig zu haben!
ENT 223
Reifendruck prüfen!
ZISCH!
Huch! Der Hahn geht nicht mehr zu!
ZISCH!
KA-WUMM!

Was ist denn passiert? Bist du verletzt, Goofy?
Ich konnt' den Hahn nicht mehr zudrehn, da ist der Schlauch geplatzt!
So! Jetzt ist er wieder zu!
Komisch! Da muss jemand was dran verstellt haben!
Das glaub ich auch! Aber wer?
Keine Ahnung! Sei von jetzt an lieber vorsichtiger!
Ach, der gute Micky! Was soll mir denn schon passieren? So, der nächste, bitte!

Doch Goofy ahnt ja nicht, dass hinter dem Schwingtor Kater Karlos Komplize lauert...
Dir werden gleich die Augen übergehn!
SCHLIESSEN
Tralali!
SCHWUNG!
Huch!
KRACKS!
KLIRR!
Hast du denn nicht gesehn, dass das Tor unten war?
War es ja nicht!
Ich hab extra vorher genau geschaut! Es war oben! Das schwör' ich!
Aber dann wärst du doch nicht dagegen gefahren!

Na, nun mach schon weiter, ich kehr' inzwischen zusammen!
So, jetzt schauen wir mal drunter!
HOCH
Nein!
Neiiiin!
TSCHUPP!
TSCHUPP!
Alle Achtung vor mir! Das läuft ja wie geschmiert!
Super, bitte! Ich hab's eilig!
Sofort, der Herr!
SCHRILL!

Wieviel?
Volltanken, bitte!
Das zeigt ja minus an!
Nanu? Was soll das heißen?
GLUCK GLUCK GLUCK!
Aufhören! Sie saugen ja mein Benzin raus!
Ach was! Unmöglich!
GLUCK GLUCK GLUCK!
Jetzt sind's ja schon zehn weniger!
Das versteh ich nicht!
Geben Sie mir sofort das Geld dafür!
Hier! En... Entschuldigung!
Typischer Fall von Sabotage! Wie vermutet!

Inzwischen...
Ein Glück, dass mit dem Auto alles gutgegangen ist!
ENT 268
Nun reicht's auch mit der Sabotage!
PLATSCH!
Zu früh gefreut! So ein Reinfall! Blubb!
Was war denn jetzt?
Spuck!

Eine halbe Stunde später...
Das ist der letzte Eimer! Wir sind fertig mit dem Ausschöpfen!
Vorsichtig aufdrehen, damit...
...das alte Öl rauskann!
BLUBB!
BLUBB!
Von oben wird nachgeholfen...
MOTORÖL
Hier hast du ein bisschen Nachschub! Harhar!
BLUBB!
Unglaublich, was da alles rauskommt! Wo das wohl drin war?
BLUBB!
BLUBB!
Also echt! So ein Wahnsinn!
BLUBB!

Ich werd mal den Benzinvorrat kontrollieren!
Hab ich's mir doch gedacht! Fast leer! Die Saboteure haben ganze Arbeit geleistet!
MOTORÖL
Bin gespannt, was noch passiert!
Goofy!
Eigentlich wollte ich ja einen Ölwechsel machen, aber...
Moment mal!
Da stimmt was nicht!
Benzin ist auch fast keins mehr da!
Dann nichts wie bestellen!

Inzwischen...
Du weißt ja, worauf's ankommt! Also streng dich an, solange ich auf Autosuche bin!
Sieh zu, dass du denen da drüben das Leben vergällst! Ich verlass' mich drauf!
Okay!
Ich geb's auf, Micky!
Kommt nicht in die Tüte! Das wollen die ja nur! Aber jetzt erst recht!
Ich wette, da stecken deine netten Nachbarn von gegenüber dahinter!
Das muss der Laster aus der Sackgasse gewesen sein! Könnte es sein, dass sie in der Autoklau-geschichte drinhängen?
Da! Jetzt fährt einer ab!
Das trifft sich ganz gut!

Pass auf! Denen stellen wir eine Falle, Goofy! Vielleicht haben wir Glück!
Ich tu' jetzt so, als ginge ich weg! So wiegen wir ihn in Sicherheit, und schwupp, ist er auf frischer Tat ertappt!
Kurz darauf...
Tschüs, Goofy! Mach's gut!
Dann bis heut Abend, Micky!
ABSCHLEPPDIENST GOOFY
Sehr gut! Jetzt ist der Dummkopf allein da!
Liegt unter dem Wagen und sieht nichts!

Dem kapp' ich die Benzinleitung! Das hatten wir noch nicht!
Huch!
Haben wir dich endlich! Dein Spiel ist aus!
Balduin Beutelschneider! Du bist das!
Hast gedacht, er lag da drunter, wie?
Kommissar Hunter? Wir haben die Autodiebstähle aufgeklärt! Kommen Sie schnell!
Ehrlich? Wunderbar!

TATÜTATA!
Na, wer sagt's denn! Da kommt er ja schon!
Micky schildert kurz den Hergang...
Ich bin überzeugt davon, dass sie Goofy hier wegekeln wollten, weil sie Angst hatten, dass ihnen jemand auf die Schliche kommt!
Dann wollen wir doch mal nachschaun!
Ich bin gespannt, was wir vorfinden werden.

Mit den Autos scheint alles zu stimmen!
O nein!
Hier! Einwandfrei Utensilien zum Auswechseln von Nummernschildern!
Und zwar gegen diese hier! Ganz hübsche Auswahl, was?
ENT 123
Was für eine komische Waschanlage!
Nein!
GRÜN
ROT
WEISS
BLAU
Wohl eher eine Lackieranlage!
Nicht möglich!
Schluck!

Pssst! Einer von den Gaunern kommt! In Deckung!
WRUMMM!
Und ruhig verhalten!
Wieder ein neues! Harhar!
ENT 414
Kater Karlo! Ich hätt's mir ja denken können!
Micky! So ein Mist!
Ihr kriegt mich nicht!

Hast du gedacht, mein Lieber!
Und ob wir dich kriegen! Und zwar hinter schwedische Gardinen!
GRÜN
WEISS
Keuch! Keuch! Hust! Hilfe! Nein!
SPRÜH!
Huch!
Hahaha! Jetzt hat er sogar schon die richtige Kleidung für seinen „Kuraufenthalt"!
Grrr!
Hihihi! Hehehe!
ENDE

WALT DISNEY
100 JAHRE AUTOMOBIL
KLING! KLANG!
ZISCH!
DD
I/T 1614A-15B

Diese Geschichte erschien ursprünglich im Jahre 1986.
Es war allerhöchste Zeit, den Motor meines alten 313 mal wieder zu zerlegen!
313
DONALD DUCK

Das Ausbauen ging ja noch! Das Einbauen wird schon etwas schwieriger...
So ist es...
So geht's wohl nicht!
KRATZ! KRATZ!
KNARZ!
Na ja, macht nichts! Raus damit und noch einmal von vorn!
KLONG! SCHEPPER!
Aber...
Nicht zu fassen! Jedes Mal bleibt ein anderes Teil übrig...
Zum Beispiel diese Kolben! Ich bin ganz sicher, dass sie ihren Platz haben! Die Frage ist bloß: wo?
Ahem!

Klappt was nicht, Donald?
Ja, leider, Onkel Dagobert!
Zwei Stunden später...
So! Du wirst sehen, jetzt läuft er besser als je zuvor!
Du bist ja phänomenal!
Hast du irgendwann einmal eine Mechanikerlehre gemacht?
Erraten! Und zwar notgedrungen!
Das war, als ich ins Autogeschäft einstieg. So konnte ich mir den Mechaniker sparen!
Wie wär's mit einer Probefahrt?
Gern! Und zwar zum Geldspeicher! Dorthin wollte ich dich sowieso entführen!

Na, zu viel versprochen?
Er zwitschert wie ein Vögelchen!
313
Eigentlich wäre es nur recht und billig, ihm für meine Hilfestellung doch etwas abzuknöpfen...
Sogar die Bremsen greifen jetzt besser!
HALT!
WEG
Damals handelte ich mit Gebrauchtwagen...
Welche Etage, Herr Duck?
Untergeschoss!
?
Untergeschoss? Aber...
Hehe! Du hast sicher nicht gewusst, dass der Geldspeicher 150 Meter tief in den Erdboden hinabführt!
3°
2°
1°

Und von meiner Oldtimer-Sammlung hast du auch nichts geahnt, wetten?
Huch! Sagenhaft!

Das ist das richtige Wort! Alle Autos sind Erstmodelle, Donald!
Von allen Autos seit 1886 jeweils ein Originalmodell!
Vo-von allen?
Na ja, das eine oder andere fehlt noch!
Aber davon später mehr! Zuerst einmal darf ich vorstellen...
Wir warten schon seit zwei Stunden!
Was hat euch denn so lang aufgehalten?
1886–1986 HUNDERT JAHRE AUTOMOBIL
...das sind deine neuen Mitschüler, hehe!
Daisy und Gustav?

Donald und ich hatten noch etwas Wichtiges zu erledigen!
O ja! Etwas sehr Wichtiges!
Wo sind die beiden Sachverständigen?
Wir sind hier, Herr Duck!
Wir haben das Anschauungsmaterial vorbereitet!
Dann kann's ja losgehen!
Einen Moment! Was kann losgehen?
Der Auffrischungskurs, was denn sonst?
Ein Kurs, bei dem jeder noch etwas dazulernen kann!

Ein faszinierendes Hobby, Oldtimer zu sammeln!
Doch auch die Öffentlichkeit sollte diese Schätze bewundern können, nicht wahr?
Daher schenke ich meine Sammlung der Stadt Entenhausen! Das Automobil ist 100 Jahre alt, also ist das...
...der richtige Zeitpunkt!
Ein wirklich nobler Zug von dir!
Nun ja, nobel und... billiger! Allein die Rostschutzmittel verschlingen über 1000 Taler im Monat!
Aha, von daher weht der Wind! Und weiter?
Warum so misstrauisch, Donald?

Ich kann natürlich schlecht ablehnen, wenn man mir steuerlich entgegenkommt...
Und was tun wir dabei?
Ganz einfach! Die Autos werden in einem Museum untergebracht...
...und jedes Museum braucht einen Wärter!
Ah, eine feste Anstellung würde mir schon gefallen!
Und ich bin die Schirmherrin des Museums?
Ich kümmere mich um die Planung!
Sehr gut! Aber vorher werden unsere Experten erst einmal eure Fachkenntnisse auffrischen!
Mein Gebiet ist die Geschichte des Autos...
...und meins die technische Entwicklung!

Bei Bedarf bin ich bereit, einzuspringen!
Das klingt alles zu schön...
...um wahr zu sein! Kostenlose Vorträge, Anstellung, Museumseröffnung...
Also, wo ist der Haken?
Da ist kein Haken! Es gibt nur ein winziges Problem!
Um wirklich einmalig zu sein, muss die Sammlung natürlich vervollständigt werden! Aber dazu später!
Jedenfalls scll jeder für seine Arbeit entlohnt werden! Hier sind fünf Hunderttalerscheine!
!
Die eine Hälfte sofort, aber...
RATSCH!

...die andere erst nach der Einweihung!
Das ist mal wieder typisch!
Und jetzt: genug geredet, an die Arbeit!
Sehr richtig! Es gibt nämlich viel zu erzählen!
Ich bitte um Aufmerksamkeit!
TOCK! TOCK!
Die Geschichte des Automobils reicht zurück bis in die graue Vorzeit!
KRITZEL! KRATZEL!
Zum Namen selbst! Das Wort „auto“ erscheint erstmals bei Homer als Bezeichnung für einen Dreifuß mit goldenen Rädern!

Im 15. Jahrhundert n. Chr. träumte Leonardo da Vinci bereits von...
Halt! Stopp!
Träume sind Schäume, Primus! Beschränke dich bitte auf Tatsachen!
Los, weiter im Text!
Ahm... dann zeige ich jetzt die vorbereiteten Dias!
Überspringen wir ein paar Jahrhunderte und kommen zu Newton und seinem Reaktionswagen...
KLICK!
...der mit einem großen Dampfkessel bestückt war. Der nach hinten entweichende Wasserdampf sollte ihn antreiben!
Und? Ist er tatsächlich gefahren?

Nein! Aber er ermöglichte spätere Erfindungen!
Wie diese Dampfkutsche! Sie erreichte 15 Stundenkilometer! Eine beachtliche Leistung!
Jetzt reicht's mir aber!
Schluss mit dem Altertum! Kommen wir zum modernen Auto!
Du meinst, ich soll beim Motorwagen beginnen?
Ja, Hauptsache, er fährt endlich mit Benzin!
In Ordnung!
Aufgepasst, Herrschaften!
Jetzt steigen wir voll ein!

Das war das erste benzingetriebene Fahrzeug, die berühmte **Motorkutsche** von Gottlieb Daimler!
Hergestellt im Jahre 1886! Es war eine normale Kutsche, die anstelle von Pferden...
...von einem Motor in Bewegung gesetzt wurde!
KLICK!
Und das ist das andere erste Automobil! Konstruiert...
...von Carl Benz!
Eigentlich war es ein Dreirad, aber...
Unmöglich, Onkel Primus!
Es kann unmöglich zwei erste Autos gegeben haben!

DAIMLER 1886
BENZ 1886
Doch! Beide bauten ihre Autos zur selben Zeit und nur wenige Kilometer voneinander entfernt!
Daimlers Wagen erreichte auf seiner ersten Fahrt am 10. November 1886 18 Kilometer pro Stunde!
Und Carl Benz' Frau Bertha erreichte bei der Probefahrt einen Schnitt von 15 Stundenkilometern!
Doch die Motoren von damals haben nur noch sehr wenig Ähnlichkeit mit den heutigen Motoren!
In der Tat! Schon...
KRITZEL! KRITZEL!

...im Jahre 1899 erreichte dieser Rennwagen die phänomenale Geschwindigkeit von 105,9 Kilometern pro Stunde!
Eine Rakete für die damaligen Verhältnisse!
Sie hatte zwei Elektromotoren...
Immer diese Abschweifungen! Zurück zum Thema!
Verzeihung, Herr Duck!
Den Elektromotoren blieb bis heute der entscheidende Durchbruch versagt!
Stimmt! Es gab zu viele ungelöste Probleme! Vor allem das Auftanken!
Oh! Da könnte ich gleich was erfinden!

Ich muss Sie zur Ordnung rufen! Aber jetzt möchte ich rasch etwas sagen!
Die ersten Autos hatten kein leichtes Leben! Vielen jagten sie Angst ein...
In manchen Staaten musste ihnen ein Mann mit einer Fahne vorausgehen, um die Fußgänger vor der herannahenden Gefahr zu warnen!
Ist das wahr?
Doch gleichzeitig begannen die ersten Automobilrennen.
Das erste soll bereits **1887** stattgefunden haben!
Wer hat gesiegt?
Alle und keiner! Es gab nur einen einzigen Teilnehmer!

Dann ging's mit Riesenschritten voran! 1888 erfand Dunlop den mit Luft gefüllten Reifen!
Auch hier gab es Pannen zu Anfang! Beim „Blitz" platzten gleich 60 Reifen auf einer Fahrt!
46
PLATZ!
PENG!
Die hatten noch mehr Pech als ich!
Pah! Das wär mir nie passiert!
Psst!
Nach Motor und Reifen ging es um die Bequemlichkeit der Passagiere!
KLICK!
Der erste Innenlenker, ein Renault von 1899. Der Fahrer saß regengeschützt in einer Fahrerkabine!
Und die neu erfundene Windschutzscheibe hielt den Fahrtwind ab!

Nun war die Zeit reif für das erste in Massenproduktion hergestellte Automobil! Hier das Volkswagen-Modell der Firma **De Dion-Bouton** von **1903**.
Ah, endlich! Den hab ich auch in meiner Sammlung!
Kommt, wir machen an richtigen Modellen weiter!
Gute Idee!
Formschön, praktisch, sparsam! Einziger Nachteil, er hatte keinen Rückwärtsgang!
Dies kann man als das erste moderne Auto bezeichnen! Der **Mercedes Simplex** aus dem Jahre **1902** mit kräftigem Vierzylindermotor und einer Ganzmetallkarosserie!
MERCEDES SIMPLEX 1902

MERCEDES SIMPLEX 1902
Dürfen wir einsteigen…
…und eine kleine Probefahrt machen?
Na gut! Alles einsteigen, Kinder!
Hm! Vielleicht sollte ich doch eine kleine Gebühr dafür verlangen?
Wrumm! Wroaarr!
Das ist aber bequem!
Wie wär's mit einem Picknick?
Lass deine Späßchen, Gustav! Zurück an die Arbeit!
Seufz! O ja, du hast recht!
Nicht traurig sein, Daisy! Das holen wir ein andermal nach!

Wo läufst du denn hin?
Kommt mit, ich suche mein Lieblingsauto!
Seht nur!
Superbequem und unwiderstehlich: **Isotta Fraschini!** Ein Traumwagen aus dem Jahre **1902!**
ISOTTA FRASCHINI 1902
Häng hier nicht deinen Erinnerungen nach, und begib dich gefälligst ins folgende Jahrhundert!
Schon bereit!
Der erste Fiat des 20. Jahrhunderts: **Otto Cavalli**, zu deutsch „Acht Pferde", von **1901!**
FIAT 1901

„Acht Pferde", also acht PS? Der ist ja stärker als mein guter alter 313!
Komm, Donald!
Wer die Autogeschichte verstehen will, muss auch dieses Modell hier kennen!
Henry Fords **T-Modell**, auch Tin Lizzy genannt! Knapp ein Liter Benzin auf neun Kilometer! Gebaut von **1908** bis **1927**!
Über 15 Millionen Exemplare dieses Modells wurden gebaut! Damit hat Henry Ford ein Vermögen gemacht!
TIN LIZZY 1902

Rekordjahr war 1923 mit einer Produktion von 2090950 Wagen!
Soviel zur Geschichte des Automobils! Das Wort hat Herr Düsentrieb!
Gehen wir zurück in den Saal! Ich brauche dazu die Dias!
Kurz darauf...
Kaum hatte das Auto einmal zu rollen begonnen, war sein Lauf auch nicht mehr aufzuhalten!

PEUGEOT 402
Die Karosserien wurden zunehmend windschlüpfiger, um die Geschwindigkeit zu...
VOLKSWAGEN KÄFER
...erhöhen und den Benzinverbrauch zu senken!
Bis hin zu den modernen Autos unserer Tage!
Aber was mich interessiert, ist eher die Mechanik!
Ihr wisst, wie ein Explosionsmotor funktioniert?
Ich nicht! Bei meinem Glück ist das nicht nötig!
Ich auch nicht! Wenn ich eine Panne habe, fahr' ich in die Werkstatt!
Ich dagegen lass mir von ihm helfen!

Aber, aber! Jeder sollte etwas von der Mechanik seines Wagens verstehen!
Eine einfache Frage, Herr Duck! Was ist ein „Chassis"?
Nun... äh... das ist einfach! Das ist ein... äh... Klappverdeck... äh...
Nein, Donald! Das ist das Fahrgestell!
Gut, Frau Duck!
Doch zurück zum Explosions- oder Vergasermotor! Einen Moment!
?
Ich habe hier eine schematische Darstellung vorbereitet...

Der normale Explosionsmotor arbeitet folgendermaßen: Der Kolben saugt aus dem Vergaser ein Gemisch aus Gas und Luft an...
...das er im Zylinder komprimiert, d.h. verdichtet!
Nun bringt die Zündkerze das Gasgemisch zum Explodieren, und diese Kraft treibt den Kolben nach unten!
Das verbrannte Gas wird ausgestoßen, und das Spiel beginnt von vorn!
Hmm! So gesehen hört sich das ganz einfach an!

Die entstehende Energie wird zu einem großen Teil auf die Räder übertragen! Der Rest speist andere notwendige Energieverbraucher, wie die Scheinwerfer...
...Heizung und Gebläse...
...die Batterie...
...die Scheibenwischer...
...die heizbare Heckscheibe...
W.D. 001
Genug! Aufhören! Ich halt's nicht mehr aus!
Mir dreht sich schon alles im Kopf herum!

Ich bin schon ganz schwindlig vor lauter Daten! Bitte eine Pause!
Aber gern!
Ich bin sowieso fertig!
Ein Glück!
Schon nach Mitternacht!
Es ist besser, ihr geht jetzt nach Hause! Morgen fangen wir dann richtig an!
Dann führen wir den Kurs fort und schreiben einen kleinen Test!
Schluck! Einen Test!
Ich fürchte, ich kenne da jemanden…
…der durchfällt! Ich auch! Hihi!

Kurz darauf...
Bis morgen!
Allen eine gute Nacht!
Geht lieber sofort ins Bett! Morgen wird es anstrengend, meine Lieben!
HALT!
WEG
Weiß Donald eigentlich schon, was ihn erwartet?
Natürlich nicht! Sonst wär's ja keine Überraschung!
Je später ich es ihm sage, desto unwahrscheinlicher ist es, dass er ablehnt!
Eine gute Nacht, Daisy!
Schlaf gut, Donald!
WRUMM!
Morgen wird ein schwerer Tag für uns, besonders aber für dich!

Ich stell' den Wecker auf fünf! Onkel Dagobert legt großen Wert auf Pünktlichkeit!
So! Endlich hab ich meine Ruhe!
TICK-TACK!
ZISCH!
Huch!
KRACH!
Huch!
KRACH!
Doch die ganze Nacht hindurch...
...Reaktionswagen... Stromlinienform... Explosionsmotor... Luftreifen... Uff! Mir schwirrt der Kopf!
TICK-TACK!

Tags darauf, um sechs Uhr und zwei Minuten...
!
Der Wecker hat versagt! Aber die paar Minuten hol ich als geübter Fahrer locker wieder rein!
50
313
J- 1615

Hehe! Das war aber knapp!
WRUMM!
Huch! Beinah hätt's mich aus der Kurve getragen!
STOP
QUIETSCH! WRUMM!
Da bin ich! Guten Morgen allerseits!
Huch!
313
HAL
Entschuldigt die Verspätung, aber...
Unglaublich!
Wir meinen etwas ganz anderes, Donald!

Nennst du das Autofahren?
Du bist ja ein richtiger Verkehrsrowdy!
Schäm dich!
HALT!
WEG!
STOPP!
HALT!
WEG!
Sofort rein mit dir! Höchste Zeit, dass du etwas über Verkehrregeln hörst!
Und so...
Ein verantwortungsvoller Verkehrsteilnehmer hält sich streng an die Verkehrsregeln, hält auf jeden Fall vor einem Stoppschild an...
STOP
Ähmm...!
...und überfährt unter keinen Umständen eine rote Ampel!
313

Er legt auf jeden Fall den Sicherheitsgurt an...
...benutzt den Blinker und...
...macht von der Hupe nur im Notfall Gebrauch!
Er überlädt sein Auto nicht mit sperrigen Gegenständen...
ZIPP!
1802
...und sieht zu, dass die Kinder auf den sicheren Rücksitzen Platz nehmen!
313
Ich sag den Kindern immer, sie sollen hinten einsteigen!
Das ist aber auch das einzige, was du richtig machst!
Den Rest musst du wohl noch lernen!

Von heute an werde ich ein vorbildlicher Autofahrer sein!
Das hoffe ich sehr!
Noch eine kurze Schluss-bemerkung!
Sicherheit hängt einmal von der Straßen-verkehrsordnung ab, aber auch vom...
...Auto selbst! Heute werden nur selbst-tragende Karosserien hergestellt! Die Autos haben eine gesicherte Fahrgastzelle...
...und vorn und hinten eine Knautschzone, die einen Großteil des Aufpralls abfängt!
Auch experimentiert man mit sauberem Benzin, d.h. umwelt-freundlichem Treib-stoff!
VERBLEIT
BLEIFREI

So, jetzt bin ich dran mit Roadstern, Tourern und Boliden!
Fass dich kurz, klar? Das ist der 100., nicht der 1000. Geburtstag des Autos!
Schluck! Alles klar!
In aller Kürze zu den Geschwindigkeitsrekorden! Der schnellste Wagen aller Zeiten war „The Blue Flame"!
THE BLUE FLAME
Er erreichte 1970 die Rekordgeschwindigkeit von 1016,088 Kilometern pro Stunde!
THE BLUE FLAME
Das war eher eine Rakete als ein Auto!
Genug damit! Kommen wir zu den Tests!

Wenig später...
Nun, haben wir bestanden?
Hier eure Noten! Daisy: sehr gut! Gustav: sehr gut! Donald...
...gut!
Nur „gut"? Aber ich hab' doch fast alles gewusst!
Du sagst es! Fast alles!
Halb so schlimm!
Du kriegst den Wärterposten auch so!
Wir gehen! Bis dann!
Ran an die Arbeit!

Wohin wollen die denn so schnell?
Das will ich dir gerade erklären!
Wie gesagt, muss meine Veteranensammlung, um einmalig zu sein, noch vervollständigt werden!
Es fehlt leider so manches! Daisy und Gustav sind zuständig für die Beschaffung der moderneren Modelle, du und Herr Düsentrieb dagegen...
...habt eine anspruchsvollere Aufgabe!
TÄTSCHEL!
Und so...
Fluggäste nach Daunenstadt bitte an Bord der Maschine sieben null zwei!
?
Immer auf die Kleinen! Pah!

Anspruchsvollere Aufgabe! Einfach lächerlich ist das!
Ihr Onkel meint es ernst!
Willkommen an Bord, die Herren! Hihi!
Da sehen Sie's!
Alle alten Autos, die wir brauchen, gehören diesem exzentrischen Millionär Otto Zylinder in Daunenstadt!
?
Zum Glück hat der Mann das Hobby gewechselt und verkauft seine Wagen zum Selbstkosten-preis!
Seine neue Leidenschaft sind jetzt Briefmarken!
Warum lässt sich Onkel Dagobert die Autos nicht einfach zu-schicken?

Ausgeschlossen! Die beiden sind seit Jahren verfeindet!
Typisch Onkel Dagobert!
Und was soll unsere komische Maskerade?
Ganz einfach! Nur Ihr Onkel könnte die Sammlung im Ganzen aufkaufen!
Damit aber Otto Zylinder keinen Verdacht schöpft, will Ihr Onkel, dass wir uns jedes Mal verkleiden!
Aha, so ist das also! Verstehe!
Zwei Stunden später...
HUUUP!
HUUUP!
Und eins nicht vergessen: wir kennen keinen Dagobert Duck!
Was wünschen Sie bitte?
Mein Name ist Nadold, und das ist mein Mechaniker Dosentrüb! Wir suchen Modelle für unsere Oldtimer-Sammlung...
VILLA ZYLINDER

Oh! Antike Automützen... mitten im Sommer?
So fuhren die ersten Automobilisten, Herr Zylinder!
Ein echter Fan schreckt vor keinem Opfer zurück!
Ja! Deswegen habe ich ja auch mein Hobby gewechselt!
Kurz darauf...
Nun, gibt es ein Modell, das Sie interessiert?
Das hier! Das ist ja ein Traum!
Kein Wunder! Eine absolute Rarität...
...die berühmte Daimler-Motorkutsche von 1886!
Natürlich! Es lag mir gerade auf der Zunge!
Hmm...

Fantastisch! Der Motor läuft, als wäre er fabrikneu!
TÖFF! TÖFF! TÖFF!
Hier ist das Geld für das Auto!
Danke! Und hier ist der Kaufvertrag!
Danke! Was ein echter Daimler ist, der schafft die 300 Kilometer mit links!
Eine gute Heimfahrt!
TÖFF! TÖFF!
Ganz schöne Strecke! Hoffentlich haben sie keine Panne!
Hihi! Das hat ja gut geklappt!
Schon! Aber mir schwant so langsam, dass...
TÖFF! TÖFF!

...wir mit diesem Veteranen einige Tage auf der Strecke sein werden!
?
Viele Stunden später in Entenhausen...
Juchhu! Da bin ich!
Da kommt Daisy! Pünktlich auf die Minute nach unserem Zeitplan! Ausgezeichnet!
ENT 38756
HALT!
RAUS
Alles klar?
Alles läuft bestens!
Dieses Elektroauto ist ein kleines Wunder! Es ist praktisch, handlich, leise...
Pah! Elektroauto! Sag Primus, er soll's in die Halle fahren!
HALT!

Hallo, Leute!
Ein toller Schlitten! Was ist das für ein Modell?
Ein Bugatti Royale aus dem Jahre 1933!
RAUS!
WEG!
HALT!
0876
Wie war die Fahrt, Gustav?
Es war ein Traum! Mit diesem Kleinod könnte ich um die Welt fahren, ohne müde zu werden!
STOP!
Sind Donald und Herr Düsentrieb noch nicht zurück?
Huch!
KLAPPER!
SPOTZ!
TSCHUFF!
ZISCH!
Ha-hallo!
E-e-endlich haben wir's geschafft!
Ist alles gut gegangen?
HALT!
0876

Wa-warte ei-einen Au-Augenblick, bi-bis ich mit de-dem Zittern aufhöre!
!

20 Stunden mit 15 Kilometer pro Stunde!
Wahnsinn ist das!

Doch die Zeit drängt, und die Aufkäufe müssen getätigt werden!
Das ist unser letztes Milliardärsmodell, Frau Duck! Wir stellen pro Jahr nur fünf Exemplare her!
Das vollkommenste Auto der Welt!
AUTOMOBILWERKE DAGOBERT DUCK
Eine wahre Augenweide!

Es ist ausgerüstet mit Antiblockier-system, Farbfernseher, Telefon und allen möglichen Schikanen! Sogar ein Swimmingpool ist eingebaut!
Allerdings ist der Benzinverbrauch auch entsprechend! Ein Liter auf zehn...
Zehn Kilometer! Das geht ja noch!
Zehn Meter! Aber keine Angst! Zu den Extras gehört auch ein...
...Tankwagen, der Ihnen bis zum Geldspeicher Ihres Onkels unauffällig folgen wird!
Schluck!
AUTOMOBILW
Gustav inzwischen...
Tja, mein übliches Glück! Ich habe schon immer davon geträumt, einmal einen echten Ferrari zu steuern!
4

Was war das, Fred? Ein Wirbelwind?
Nein, ein Rennfahrer mit seinem Super-Ferrari!
WUUSCHH!
Oha! Besuch im Anmarsch!
TATÜTATA! TATÜTATA!
Fahren Sie rechts ran, mein Herr!
?

Geht los wie eine Rakete, was?
Es gibt keine Geschwindigkeits-begrenzung auf dieser Straße!
Sie können mich nicht bestrafen!
Wer redet hier von Strafe? Wir wollten uns bloß mal dieses Traumauto ansehen!
Aber... ein Rennwagen darf nicht auf einer normalen Straße fahren!
Stimmt! Es fehlen Blinklichter, Hupe, Brems-lichter...
Muss ich ihn hier stehen-lassen?
Aber nein! Wir begleiten Sie nach Hause!
Und so...
Huch! Gustav mit einer Polizei-eskorte?
Was ist daran verwunderlich? Ein Ferrari hat es verdient!

Zur gleichen Zeit...
Hier, Herr Treibstoff! Das ist der „Blitz"! Ein echtes Juwel in meiner Veteranensammlung!
Angeblich der erste Wagen mit Luftreifen!
Er hatte 60 Pannen auf einer Fahrt!
Keine Angst! Ich gebe Ihnen genügend Ersatzreifen mit!
Danke! Mein Mechaniker verstaut sie sofort auf dem Wagen! Beeil dich, Nodald!
Grummel!

Ach, übrigens... sind wir uns schon mal irgendwo begegnet?
Glaub' ich nicht!
Auf Wiedersehen, Herr Zylinder!
Auf Wiedersehen?!
Hehe! Auch diesmal haben wir's wieder geschafft!
Hoffentlich schaffen wir's auch wieder, heil nach Hause zu kommen!
Wir haben nur 100 Ersatzreifen dabei!
Uff! Nur noch 99!
POFF!
Ich fürchte, die Fahrt wird schlimmer als die erste!
Keine Scherze!
46
Jedem kann doch mal der Reifen platzen, oder?
Ich hoffe, Sie haben recht!

Natürlich! Es kann schließlich jedem einmal passieren, dass ihm der Reifen platzt! Doch einem Donald Duck...
Villa Zylinder
DAUNENSTADT
PLOPP!
PENG!
PLATZ!
PLOFF!
PARAPANG!
PITSCH!
PAMM!
PENG!
PLATZ!
PENG!
PLOPP!
PUTT! PUTT! PUTT!
ZISCH!
ENTENHAUSEN
Geldspeicher

...passiert so was gleich 99 Mal...
Ein Glück! Wir sind da!
Beklagen Sie sich nicht! Es bleiben immerhin noch zwei Ersatz-reifen!
46
DUCKSTR.

Nein! Nur noch ein Reifen!
PLOPP!
Seufz! Der „Blitz" hatte auf seiner ersten Fahrt 60 Plattfüße, und wir...
...insgesamt 99! Das ist ein echter Rekord!
HALT
Dann werden die Modelle größer und die Reifen stabiler...
Ha! Die Fahrt mit diesem Omnibus wird ein Klacks, verglichen mit der von vorhin!
Psst, Herr Duck!
OMNIBUS 1905
Diese neuen Kunden heißen Danlod und Düsenscheib. Trotzdem sind es immer...
...dieselben Leute, da bin ich sicher! Aber wozu dann die Namensänderung und die ständig neue Verkleidung?

Das vorletzte Modell! Der Luxusschlitten Duesenberg Dual Phaeton von 1929...
Hmm...
Sie, Herr Düsentrieb! Ich glaube, inzwischen ahnt Herr Zylinder etwas!
Ja, aber wir sind fast fertig!
Richtig! Dann ist es ja egal!
Aber...
Ich bin sicher, dass ich sie bald wiedersehen werde... ein letztes Mal! Ich muss rauskriegen, wer sie sind!

Also, beim ersten Mal haben sie erwähnt, dass sie einen Rückweg von 300 Kilometern haben!
Der Kleine erinnert mich an jemanden! Wenn ich nur wüsste, an wen? Auch seine falschen Namen ähneln einander!
Grübel... Danlod... Nodald... Naldod...
Donald! Der Neffe von Dagobert Duck!
PATSCH!
Da ist es dem alten Geizkragen mal wieder gelungen, mich zu überlisten! Aber jetzt weiß ich Bescheid!
Hihi! Ich weiß, was ich jetzt mache! Na wartet, euch werd' ich die Suppe schon versalzen!

Tags darauf...
Hallo! Mein Name ist...
Ich...
Pah! Namen sind Schall und Rauch!
Ich habe nur noch einen Wagen! Den Fiat Topolino von 1936!
Toll! Das ist genau der Wagen, den wir suchen!
Bezahlung im Voraus! 20000 Taler in bar!
Hier, bitte!
Hihi! Folgen Sie mir!
Das gehört Ihnen!
Kreisch!

Ich habe es in einer Nacht geschafft, ihn zu zerlegen! Aber ich vermute, dass Donald und Herr Düsentrieb zum Zusammensetzen bedeutend länger brauchen!
Schluck!
Viel Glück, die Herren!
Seufz! Was machen wir?
Wir müssen ihn zusammenbauen! Schraube für Schraube!
Zwei Tage später...
Hallihallo!
Sehr gut! Gustav mit dem Dune Buggy!
DUNE BUGGY
WEG!
HALT!

Huhu!
Und da ist auch schon Daisy mit dem Mondfahrzeug, dem Geschenk von der NASA!
Sehr großzügig von ihnen! Der Wagen ist eine echte Rarität!
HALT!
Ein Unikat, Primus! Das erste Auto, dessen Reifen über die Mondoberfläche rollten!
...und das vorletzte, das mir fehlte!
HALT!
Onkel Primus zeigt euch gleich die Standplätze!
Ich komme sofort!
Aber mit Vergnügen!
DUNE BUGGY
HALT!

Jetzt fehlt mir zur vollständigen Sammlung nur noch ein einziges Auto! Es ist höchste Eisenbahn! Das Museum wird in einer knappen halben Stunde eröffnet!
Donald und Herr Düsentrieb! Gerade rechtzeitig!
STOPP!
ZUTRITT VERBOTEN!
Tut uns leid, aber wir hatten Probleme mit Herrn Zylinder! Er hat uns erkannt und...
Erzählt mir das später...
Kommt! Wir müssen ihn auf seinen Platz stellen!
TO 9999
ZUTRITT
RBOTEN!

Und schließlich...
AUTOMUSEUM ENTENHAUSEN
...zum 8. Mal Ehrenbürger von Entenhausen!
Danke, Herr Bürgermeister! Und... äh... die besagten Steuererleichterungen?
Hast du den Ferrari 312B2 da drüben gesehen?
Ein Bugatti von 1929 und das Mondfahrzeug! Sagenhaft!
Was für ein Modell ist denn das dahinten, Herr Wärter?
Eines der ersten Autos überhaupt, mein Junge! Die...
...Motorkutsche von Gottlieb Daimler!
Die Ausstellung schlägt ein wie eine Bombe!

Dann...
AUTOMUSEUM ENTENHAUSE
(VORLÄUFIGER STANDORT)
Interessant!
Einfach traumhaft!
Wir schließen jetzt, Frau Lehrerin!
Schade! Es gibt noch so viel zu sehen!
Wir kommen morgen wieder! Der Eintritt ist ja frei!
DING! DONG!
Zufrieden, Onkel Dagobert?
Ja, es war ein voller Erfolg! Der Bürgermeister hat mir als Ehrenbürger der Stadt eine 30-prozentige Steuerermäßigung gewährt...
DING! DONG!

...außerdem zahlt er mir Miete bis zur Fertigstellung des neuen Museums!
Die können sich ruhig Zeit lassen! Ich hab's nicht eilig! Hihi!
Aber wir schon!
Du schuldest uns noch den halben Lohn!
Ja, genau!
Du hattest uns pro Kopf hundert Taler versprochen!
Aber, aber! Ich habe mich nie auf genaue Zahlen festgelegt!
Ich habe nur gesagt, dass ihr die Hälfte bekommt! Also legen wir zusammen und teilen! Schließlich habe ich ja auch mitgeholfen, oder?
Waaaas?
ENDE

DAS ALLES-KÖNNER-AUTO
WALT DISNEY
Micky hat eine Überraschung für Minnie parat...
Ich traue meinen Augen nicht, Micky!
Trautes Heim
Ein neues Auto. Wow! Ist das etwa deins?
Ganz genau! He, he!

Und dein heiß geliebtes altes?
Hat genug Kilometer auf dem Tacho.
Sag bloß, du hast ihn verschrottet!?
Ach Quatsch! Er läuft immer noch prima.
Warum hast du dir dann so einen teuren Schlitten gekauft?
Na ja... In Wahrheit hab ich ihn geschenkt bekommen.
Im Ernst?!
Im Ernst, Minnie! Ich erklär's dir auf dem Weg.
KINO
JAMES GONG
KINO
Goldkehlchen
Der Geheimagent mit der Lizenz zum Singen

Aber entspann dich erst mal! Wie wär's mit einem Frucht-cocktail?
ZIPP!
Mit oder ohne Eis?
Be-eindruckend!
Dieser Wagen gefällt mir immer besser.
Er sieht genau-so aus wie der von James Gong!
TUUUT!
TUUUT!
Ja! Nur kenn' ich mich mit der Technik noch nicht aus.
Oh nein. Wir stehen im Stau! Tu was, sonst schließt der Supermarkt, bevor wir da sind.

Wie denn, Minnie? Das ist ein Auto, kein Flugzeug.
Hmpf! Na toll! Wozu dann all der technische Schnick-schnack?
Was soll's! Lass uns ein wenig Musik hören.
Mom...
Aaaah!
Ooooh!
BA-BANG!
Hilfe!
Fest-halten!
FLOP!
FLOP!
Sieh nur! Wir sind direkt über dem Super-markt.
Hmpf! Ich wär lieber auf normalem Weg dorthin gekommen.

Nun ja, der Zweck heiligt die Mittel. So heißt es doch, nicht wahr?
SUPERMARKT
Jetzt reicht's aber! Ich verlange eine Erklärung!
Wir sind doch noch rechtzeitig hier. Mission Impossible erfüllt, sozusagen.
Versuch nicht, das Thema zu wechseln!
Entschuldigung! Wird der Platz gleich frei?
Donnerwetter! Wir haben sogar sofort einen Parkplatz gefunden.
Du wolltest mir alles auf dem Weg erklären. Jetzt sind wir da. Also...
Nur die Ruhe, Minnie! Ich erzähl's dir ja.
Es ist ein ganz besonderes Auto für einen ganz besonderen Mitarbeiter. Der Wagen ist ein Geschenk von Kommissar Hunter, weil ich so viele Fälle gelöst habe.
Warum hast du das nicht gleich gesagt?

Das ist eigentlich ein Berufsgeheimnis. Das Fahrzeug wurde extra für den neuen James-Gong-Film gebaut.
KLICK!
Es verfügt sogar über Autopilot! Man muss ihn nur mit der Fernbedienung aktivieren und der Wagen kommt zu uns.
Soso! Du hast mir also erst nichts gesagt, weil du glaubst, ich könnte kein Geheimnis für mich behalten. Pah!
Na ja. Nichts, worüber mich ein Einkaufsbummel nicht hinwegtrösten könnte.
Oh weh!
Ich hoffe, dein Neuwagen hat einen großen Kofferraum.
Schluck!
BUTTER-KEKSE
Verzeihung, junger Mann! Wären Sie so nett und würden mir die Schachtel da oben reichen?
Welche?
TEE
TEE
ÖL
ÖL
ÖL
ÖL

Schweine-speck?
Ja, genau! Mein Fipsi kann nicht genug davon kriegen.
Halten Sie den Wagen bitte gut fest!
KASSE
Gleich bekommst du deine Leckerlis.
SPECK
Lassen Sie die Packung einfach fallen!
Wau!
Sie haben Glück. Nur noch eine Packung übrig.
Herzlichen Dank!
SPECK
Hilfe!
Keine Bewegung!
Schluck!
Was? Wie?
Das ist ein Überfall!

Her damit oder es knallt!
Sie Unhold, Sie!
SPECK
SPECK
Ich muss etwas unternehmen... und zwar gleich!
Beruhig dich, Fipsi! Ich kaufe dir eine neue Packung.
Hände hoch!
Ein Kinderspiel! He, he!
Grrr!
Alles gratis! Wir sollten häufiger dort einkaufen.
Du sagst es! Zwei zum Preis von keinem.
BRRUMMM!
Da sind sie, Micky!
Dann wollen wir mal herausfinden, was wirklich in meinem neuen Auto steckt!

Lesen Sie den Kurier!
Schluck! Wo ist der Wagen? Er müsste längst hier sein.
Vielleicht steht er noch im Stau.
So beruhig dich doch!
Aus, Fipsi, Aus!
Grrrr!
Mann! Das hatte mir gerade noch gefehlt.
Micky, die Fernbedienung schlägt Alarm!
BIEP! BIEP!
BIEP!
Getarntes Parken.
Schau, der Kiosk!
Wow!
KLA-KLACK!
Beeilung! Wir müssen die Verfolgung aufnehmen.
VRRR!

O nein! Nicht schon wieder Stau!
Kein Problem! Das Baby hat noch ein paar Tricks auf Lager.
Hm... Nur wie finde ich den richtigen Knopf?
Probieren wir es mal mit dem hier!
KLICK!
Sehr gut, Minnie! Da soll noch jemand was gegen Frauen und Technik sagen.
Schluck! Es funktioniert.
58931
Menschenskinder! Darum heißt es also sich durch den Verkehr schlängeln.
Das ist ja wie im Film.
BRRUMMM!
Schnell! Da entlang, Micky!
I-ich will ja, aber d-der Wagen reagiert nicht.
QUIIIETSCH!

Und so...
Achtung!
Sie wollen wohl, dass ich wie im Flug auftanke, ja?
KLA-KLANG!
BENZIN
Puh! Das war knapp.
Sie entwischen uns, Micky!
Nun spring schon an!
Danke, aber wir brauchen kein Benzin!
Was?
Wo hast du denn jetzt wieder draufgedrückt?
Keine Ahnung!
Hey! Da gehört der Airbag eigentlich nicht hin.
POPP!
Ich bitte dich, Minnie! Fass hier nichts mehr an!
In O-ordnung!
TANKSTELLE

Diese Typen fahren wie die Wahnsinnigen.
Raser! Die sollten mal die Straßenverkehrsordnung lesen.
Steht was in der Betriebsanleitung, wie wir sie schnappen können, Minnie?
Ich schau mal im Kapitel „Verfolgungsjagden aus der Luft" nach.
VRRR
Können Sie nicht schneller fahren? Ich bin spät dran.
Mein Taxi hat leider keine Flügel.
Super! So gehen sie uns ins Netz.
Dann starten wir die Operation Fliegenfischen.
O Mist!
Wir hängen fest!
TUCKER!
TUCKER!

Wir werden auf die hohe See hinausgetragen!
Tu doch was, Micky!
TUCKER! TUCKER! TUCKER!
Oh, oh! Es geht abwärts.
Schluck!
Zum Glück stand hier auch was über die Verfolgung zu Wasser.
Unglaublich! Wie hast du das gemacht?
RATSCH!
Halt dich gut fest, Minnie!
Ooh! Hab ich dir nie gesagt, dass ich schnell seekrank werde?
Du hast eine blühende Fantasie, mein Junge! Autos, die über Wasser fahren...
Brrummm!

Wir werden sie überraschen.
Ich seh sie wieder!
WUSCH!
Gleich haben wir sie!
Dieses Motorrad fährt wie der Blitz. He, he!
Vorsicht!
Hindernis auf zwölf Uhr! Wir nehmen besser die Bahn.
QUIIIIETSCH!
Willst du sie etwa mit dem Zug verfolgen?
Nein, nur über die Gleise.
KLANK!
So schneiden wir ihnen den Weg ab.
ROAAAR!

Gute Reise!
TUUUUT!
Und grüßt uns Entenhausen!
Hä?!
Aiii!
Schnell, Micky! Weich aus!
Wie denn bitte?
TUUUUT!
Das wird eng!
Drück den Knopf, zieh den Schalthebel nach oben und reiß das Lenkrad herum!
Puh!
Glück gehabt!

Wo sind die Kerle?
Sie fahren zum Hafen. Aber uns werden sie nicht so schnell los.
Was hältst du davon, wenn wir ein Schiff nach Gansbach nehmen?
Gute Idee, Partner!
Na dann los!
Aber vorher will ich noch eine Essenspause einlegen.
Besser ist's! Dann knurrt euch auf dem Weg ins Gefängnis nicht der Magen.
Schluck!
Verdammt!
Halt! Ihr könnt nicht entkommen.
BRRUMMM!

Wir ergeben uns!
Hmpf! Wird auch Zeit!
Was?
TUCKER!
Ich habe ein ungutes Gefühl, Micky!
Sag mir nicht, dass uns...
...der Sprit ausgeht.
Wer zuletzt lacht, lacht am besten!
Ha, ha!
BRRUMMM!
Warum hat uns der Wagen nicht davor gewarnt?
Hat er doch! Nur blinken gerade alle Warnleuchten gleichzeitig.
Hoffentlich steht in der Anleitung, wie wir mit leerem Tank weiter-kommen.
Sieh doch! Verstärkung ist unterwegs.

Hey! Sie sind in die Richtung verschwunden!
TATÜTATA!
Aha! Das muss der richtige Knopf sein.
KLICK!
Was hast du getan?
Hust! Hust!
FSSS!
I-ich hab mich wohl geirrt.
Nicht schon wieder!
CRASH! QUIIIETSCH! BA-DA-BANG!
Huch! So ein Reinfall!
Schluck!
Es tut mir leid, Kommissar Hunter!
Schon gut, Herr Maus!

Wagen 1 an Wagen 2! Schicken Sie alle verfügbaren Kräfte!
Sorry, ich habe mich wieder verdrückt.
Genau wie die Halunken.
?
Vorsicht! Aus dem Weg!
Aus, Fipsi! Pust! Keuch!
Grrr! Wuff, wuff!
Au!
Folgen Sie dem Hund, aber schnell!
?
Auf! Hier entlang!
Pust! Pust!
Sie sind verhaftet!
Sie haben sie!
Na endlich!

Niemand nimmt meinem Liebling ungestraft sein Futter weg.
Was für eine Spürnase! He, he!
Nehmt die kleine Bestie weg!
Hilfe!
Grrr!
Sie haben uns nur erwischt, weil du immerzu ans Essen denkst!
Du weißt genau, dass ich nichts auf die Reihe kriege, wenn mir der Magen knurrt.
Hmpf! Du nutzloser Fresskopf!
Du Kahlkopf!
KLACK!
Daraufhin...
Fipsi, für deinen großen Mut im Angesicht der Gefahr verleihen wir dir die Tapferkeitsmedaille.
Schnüff! Ich bin gerührt.

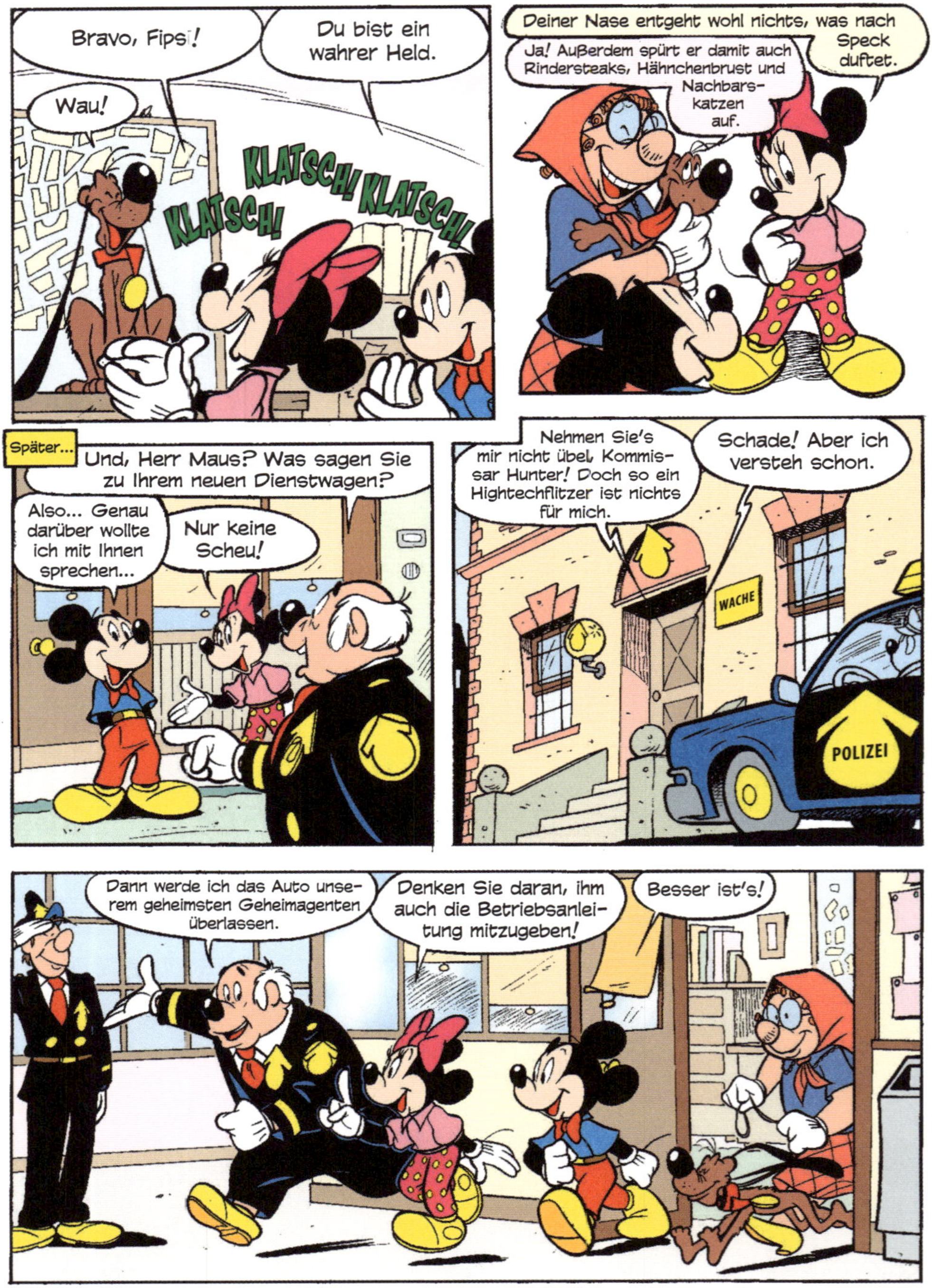
Bravo, Fips!
Du bist ein wahrer Held.
Wau!
KLATSCH! KLATSCH! KLATSCH!
Deiner Nase entgeht wohl nichts, was nach Speck duftet.
Ja! Außerdem spürt er damit auch Rindersteaks, Hähnchenbrust und Nachbarskatzen auf.
Später...
Und, Herr Maus? Was sagen Sie zu Ihrem neuen Dienstwagen?
Also... Genau darüber wollte ich mit Ihnen sprechen...
Nur keine Scheu!
Nehmen Sie's mir nicht übel, Kommissar Hunter! Doch so ein Hightechflitzer ist nichts für mich.
Schade! Aber ich versteh schon.
WACHE
POLIZEI
Dann werde ich das Auto unserem geheimsten Geheimagenten überlassen.
Denken Sie daran, ihm auch die Betriebsanleitung mitzugeben!
Besser ist's!

Und so...
Hallo, Minnie! Soll ich dich zum Einkaufen mitnehmen?
Klar! Ich bin dabei.
3541
113
Mein altes Autochen hat leider keine schicke Cocktailbar.
Aber dafür Charme! Und keine Schleudersitze, hihi.
ENDE

EINER WIE KEINER
WALT DISNEY
Es ist ein Tag wie jeder andere. Und natürlich hat Donald mal wieder Probleme mit seinem alten 313...
Du boshafte Blechkiste! Du hinterhältiger Haufen aus Schrauben und Blech! Drei Mal hast du mich heute schon im Stich gelassen! Wehe, du wagst das noch mal!
313
RASSEL! SPOTZ!
D 2006-122

KA-POFF!
Kannst du nicht wenigstens heute auf mich hören?
Als verantwortungsbewusster Autofahrer weiß ich zumindest, was in solchen Fällen zu tun ist: Ziehen Sie die Handbremse an, verlassen Sie ruhig Ihr Fahrzeug...
...und treten Sie dem heimtückischen Hobel rabiat die rostigen Muttern aus dem Rad!
ZISCH!
O nein!
Klasse. Der Ersatzreifen ist platt wie eine Flunder.
Da bleibt nur eins... Laufen soll ja bekanntlich Glückshormone freisetzen.

Na bitte! Die Polizei, dein Freund und Helfer! Verteilt wohl ein Knöllchen an den armen Kerl da. Vielleicht kann er mich ja anschließend abschleppen.
Abwarten, Donald!
KRATSCH!
FLUPP!
FLUPP!
FLAPP!
FLUPP!
FLUPP!
FLAPP!
Mein 313! Das glaub ich nicht!

Das kannst du nicht tun, du Rabenaas!
Keuch! Schnauf! Zwecklos. Den hole ich bergab ja doch nicht ein.
Das wird übel. Sehr übel. Ich kann gar nicht hinsehen.
Kreisch! Schnell! Weg hier!
FLUPP!
FLAPP!
Wo kommt der denn plötzlich her? In Deckung!
KA-RUMMS!
Das war's! Endgültig! Mit dir bin ich fertig, du miese marode Möhre!

Später...
Das kann nicht dein Ernst sein, Onkel Donald! Dein alter 313 ist zwar etwas schwierig, aber...
Nein! Er ist unberechenbar und unzumutbar! Meine Entscheidung steht fest!
Denk doch an die tollen Zeiten, die wir mit ihm hatten!
313
Mir egal! Das hat er sich selbst zuzuschreiben! Ich werde ihn jetzt...
...kräftig aufmöbeln, zur Auto-Auktion fahren und auf einen guten Preis hoffen!
DÄNG!
313
Dann kann ich wenigstens den Schaden an dem Polizeiwagen bezahlen, den er verursacht hat!
Also poliere ich diese Rostlaube, bis sie aussieht, als sei sie gerade erst vom Band gelaufen!

Gesagt, getan! Und schließlich, am Tag der Auktion...
Kommen wir zum nächsten Fahrzeug: Es ist ein gut erhaltenes, klassisches, karmesinrotes Cabrio! Eine Rarität! Ich bitte um Ihre Gebote!
Für diese Sardinenbüchse? Lachhaft!
Dafür geb ich keinen Kreuzer!
Seufz! Die Imagepolitur hat offenbar herzlich wenig gebracht.

Ich biete 5000 Taler!
Zum Ersten! Zum Zweiten! Zuschlag!
Hurraaa!

Endlich hab ich auch mal Glück! Mit 5000 Talern hätte ich nie gerechnet! Das ist ja ein Vermögen!
Entschuldigen Sie, sind Sie Herr Duck?
Ich bin Kasimir Keilriem. Leidenschaftlicher Sammler von Automobilen klassischen Zuschnitts.
Was Sie nicht sagen.
Ich bin entzückt, Ihr außerordentlich gut erhaltenes Modell in meine Kollektion einreihen zu dürfen.
Das sollten Sie in der Tat auch sein!
Doch nun, genug geplaudert! Kommen wir lieber zum Geschäft! Ich hätte die fünf Riesen gern in bar!
Kein Problem! Sie erhalten Ihr Geld nach der Lieferung.
Was? Lieferung?
Genau! Ich erwarte, dass Sie das Kleinod höchstpersönlich zu meinem Haus in Waldwedelhausen bringen.
Verflixt! Dann steht mir also noch eine letzte Landpartie mit meinem alten 313 bevor. Ich kann nur hoffen, dass die Klapperk... äh, das Kleinod den Weg ohne Probleme schafft.

Der Moment des Abschieds ist gekommen...
Verabschiedet euch von diesem katastrophalen Konglomerat aus schrägen Schrauben und klapprigen Karosserieteilen, Kinder!
Mach's gut! Wir werden dich vermissen!
Du sagst es! Da entschwinden die Erinnerungen an unsere heitere Kindheit.
Schnüff! Ohne ihn wird nichts mehr so sein, wie es war!
Die Fahrt dürfte nicht allzu lange dauern. Und je eher ich diese alte Gurke loswerde, desto besser.
Es ist grün! Fahr endlich los, du Pfeife!
DÜÜÜT!

DÜÜT! DÜÜT! DÖÖÖÖT!
Verflixt! Die Hupe klemmt!
He, Kumpel, grüner wird's nicht! Und hör auf mit dem Lärm!
DÜÜT! DÜÜT! DÖÖÖÖT!
Aber... ich... äh...
Bist du noch ganz dicht?
Willst du Ärger, oder was?
DÜÜT! DÜÜT! DÖÖÖÖT!
Brauchst du Hilfe, Freundchen?
Bist du taub, du Krawall-sack?
Ich kann doch nichts dafür!
Das büßt du mir, du Biest! Ohne Kabel ässt's sich schwer hu...
KLONNK!
...utsch! Lass das gefälligst!

Bald...
Endlich hab ich die Stadt hinter mir. Viel schlimmer kann es jetzt kaum mehr werden.
313
Au verflixt! Ich und mein vorlauter Schnabel! Der Kühler kocht gleich über! Zum Glück hab ich Wasser mitgenommen.
BRODEL!
Diesmal stütze ich die Motorhaube aber ab. Auf den Trick falle ich schließlich nicht zweimal rein!
Jetzt hübsch vorsichtig, Donald! Das Kühlwasser ist kochend heiß!
ZISCH!
Urks!
KLONNK!
Jautsch!

Schwer gezeichnet erreicht unser leicht motorisierter Held die Landstraße...
Hrmpf! Spitze! Der Weg nach Waldwedelhausen führt direkt über die Passhöhe. Das nenne ich eine echte Herausforderung.
Puh, ist das steil! Ganz ruhig, alter Kumpel, wir schaffen das! Nanu? Was ist denn da hinter uns los?
Schlaf nicht ein da vorne!
HUUUP! TRÖÖT!
Ei der Daus, der Rückspiegel ist abgebrochen.
KNACK!
Schönen guten Tag, der Herr!
Ich fasse es nicht! Überholt von einer greisen Dame! Und das auch noch zu Fuß!

Pfuh! Endlich sind wir oben. Es ist wohl besser, wenn ich diese ungestümen Raser erst einmal vorbeilasse...
Das wurde auch Zeit, du Schnecke!
Hast du die Kiste geschoben?
Lassen wir diese fiesen Drängler ruhig den Hang hinunterrasen. Wir haben ja alle Zeit der Welt.
Ups! Hier geht's aber mächtig bergab. Nur gut, dass ich die Bremsen noch mal überprüft habe.
KRACKS!
O nein! Auch das noch!
Es gibt nicht den Schatten eines Zweifels: Dieses Auto will mir ans Leder!

Achtung! Aufpassen! Bahn frei! Ich brauche Platz!
Ein Verrückter! Erst kriecht er nach oben, und dann das!
ZUSCH!
ZOSCH!
Wurgs! Mein Magen hat sich schon in der letzten Kurve verabschiedet!
QUIIIIÄTSCH!
Iiieks! Das hätt's nun wirklich nicht gebraucht! Eine Schafherde mitten auf der Straße!
Bahn frei! Ich kann nicht anhalten!
?!

Lauft, Mädels! Das ist ein Irrer!
WROUUUMM!
He! Welches Fusselding versperrt mir denn jetzt die Sicht?
Määh?
Hau ab! Komm wieder, wenn du ein Pullover bist!
Bääh?
Es geht wortwörtlich bergauf. Wir werden endlich wieder langsamer. Ein Glück!
WRUMM!

KRACKS!
Tu mir das nicht an! O nein! Ich werd wahnsinnig! Dieses hinterhältige Rabenaas von einer Schrottkarre hat schon wieder eine Panne!
ZISCH!
313
Grunz! Fauch! Zeter! Tob!
Das war nötig! Tief durchatmen und als verantwortungsbewusster Verkehrsteilnehmer vor dem Aussteigen die Handbremse anziehen. Zum Glück...
...bin ich diese rüpelhafte Rostlaube in ein paar Stunden endgültig los. Grmpf!
Dafür hänge ich jetzt hier mitten in der Pampa fest. Ich brauche Hilfe, so viel ist klar!
WALDWEDHAUSEN 4 KM

Ich nehme wohl besser eine Abkürzung und latsche über diese Wiese.
SCHNAUB!
Eins ist klar: Je eher ich diese griesgrämige Gurke endlich loswerde, desto besser! Oha?
Schnaub! Schnorch!
Uiweh!

Nicht doch, mein Kleiner! Was ficht dich denn an? Keuch! Wenn du mir nichts tust, dann tu ich dir auch nichts. Versprochen!
Schnaub!
Beruhige dich! Ich hab ja schon kapiert, dass ich hier nichts zu suchen habe! Wirklich! Ich versteh dich voll und ganz!
Sag mal, hörst du mir überhaupt zu? Schnauf! Ich bin völlig harmlos! Du musst mich nicht auf die Hörner nehmen!
Kreisch! Quietsch! We-we-wenn d-d-du m-me-meinst, i-i-ich hä-hä-hätte A-A-Angst v-vo-vor d-d-dir, d-d-du R-Ri-Riesensteak...
...dann hast du recht! Bleibt nur noch eins zu sagen: Hilfeee! Hört mich denn niemand?

Donalds Hilfeschrei verhallt nicht gänzlich ungehört. Er dringt bis zu seinem guten alten 313. Aber ein Auto wird ihn wohl kaum retten können.
Hilfe! Hilfe!
313
Oder etwa doch?
KRATSCH!
Wie schon einige Male zuvor löst sich erneut die marode Handbremse. Der Wagen kommt langsam ins Rollen...
WUMP! BUMP!
313
...und hat am Fuß des Hügels bereits so beträchtlich an Tempo zugelegt...
WUMP-WUMP-BUMP!
313

...dass ihn ein riesiges Schlagloch in der Straße unvermittelt aus der Bahn wirft!
KRA-SPRONG!
Hindernisse walzt er einfach nieder.
WALDWEDEL-HAUSEN 4 KM
KRACKS!
Doch manche sind etwas widerstandsfähiger als andere...
KRATSCH!

Hör mal zu, Kumpel! Ich bin mindestens so ausdauernd wie du! Wenn du also keinen Krampf in deinen Hörnern kriegen willst, dann...
Möh!?
KARUMPEL!
Ich traue meinen Augen kaum! Der Albtraum auf Rädern eilt mir zu Hilfe!
?!
Holla, das gilt nicht! Ich war abgelenkt!
Ha! Der kleine feige Fiesling flüchtet! Bleibt nur eine Frage: Was wird aus mir?

Das kann doch nicht wahr sein!
PLOPP!
Ich sitze völlig unbeschadet wieder hinter meinem Lenkrad! Der Bulle ist von dannen und ich bin gerettet.
Und wem verdanke ich dieses Wunder? Meinem guten alten 313! Ich bin dir so dankbar, mein treues Gefährt, dass ich dich glatt küssen könnte. Und genau das werde ich jetzt tun!
SCHMATZ!
Ich fasse es nicht! Ich hab heute ja fast so viel Glück wie Gustav! Der Motor läuft wieder! Dann also auf nach Waldwedelhausen. Dort warten fünf Riesen auf mich!
SPOTZ!
KNATTER!

Wirklich merkwürdig! Je näher ich an die Lieferadresse herankomme, desto komischer fühle ich mich. Mir gehen einfach die Erinnerungen...
WILLKOMMEN IN WALDWEDELHAUSEN
...an all die schönen Dinge, die ich mit dieser alten Kiste hier erlebt habe...
„...nicht aus dem Kopf: launige Landpartien an sonnigen Frühlingsnachmittagen, in der Luft der Duft von Blumen."
„Sommerliche Strandausflüge in aller Unbeschwertheit, als die Kleinen noch richtig klein waren und Bolivar kaum größer als ein Dackel."

„Da waren auch romantische Sonnenuntergänge, mit der geliebten Daisy eng an meiner Seite..."
Schnüff! Seufz! Es fällt mir tatsächlich viel schwerer, als ich dachte, dir Lebwohl zu sagen, alter Freund!
Aber Geschäft ist Geschäft. Da gibt es kein Zurück mehr!
Dann endlich...
Seien Sie mir gegrüßt, Herr Keilriem. Ich bringe Ihnen Ihr Kleinod! Das klassische karmesinrote Cabrio. Fehlt nur noch die Bezahlung, und alles ist perfekt!
Aah! Ich brenne darauf, diese Rarität in meine Kollektion aufzunehmen!

Seufz. Hiermit übergebe ich Ihnen den Schlüssel. Bitte behandeln Sie meinen guten alten 313 gut! Er ist ein Freund!
Raaah! Mich narrt wohl ein Spuk? Das da soll mein Auto sein? Ich fasse es nicht!
313
Das ist ein verbeultes, verbogenes und völlig verdrecktes Wrack! Für diesen hoffnungslosen Haufen Schrott zahlt Ihnen kein Mensch auch nur einen Kreuzer!
Sie scheinen mich ja für reichlich einfältig zu halten. Schluss! Aus! Das Geschäft ist geplatzt!
313
Hurra! Haha!

Daher also...
Komm, lass uns nach Hause fahren, mein Alter! Wer lässt schon einen guten Freund im Stich, nur weil der ein paar Macken hat? Du bist eben einer wie keiner!
ENTEN-HAUSEN 20 KM
SPOTZ!
TÖFF!
RÖCHEL!
ENDE

Quellenverzeichnis

Eine Seele von Auto (I TL 2671-1)
Originaltitel: Paperino targato 313 e l'identità meccanica
Szenario von Alessandro Sisti
Zeichnungen von Giorgio Cavazzano
Tuschereinzeichnung von Sandro Zemolin
Übersetzung von Peter Daibenzeiher
Erstveröffentlichung:
Topolino 2671, 6. Februar 2007 (Italien)
Deutsche Erstveröffentlichung:
Lustiges Taschenbuch Enten-Edition 24,
12. Februar 2009

1-2-3 ist stets dabei! (I TL 1846-D)
Originaltitel: Zio Paperone e le magnifiche uno, due, tre
Szenario von Fabio Michelini
Zeichnungen von Ferioli
Übersetzung von Gerlinde Schurr
Erstveröffentlichung:
Topolino 1846, 14. April 1991 (Italien)
Deutsche Erstveröffentlichung:
Lustiges Taschenbuch 168, 10. März 1992

Alte Liebe rostet nicht! (I TL 1886-C)
Originaltitel: Indiana Pipps e il problema 4x4
Szenario von Massimo Marconi
Zeichnungen von Massimo De Vita
Übersetzung von Gudrun Penndorf/Alexandra Ardelt
Erstveröffentlichung:
Topolino 1886, 19. Januar 1992 (Italien)
Deutsche Erstveröffentlichung:
Lustiges Taschenbuch 175,
8. September 1992

Chauffeur in Nöten (I TL 1843-A)
Originaltitel: Paperino e l'inseguimento senza fine
Szenario von Rudy Salvagnini
Zeichnungen von Silvio Camboni
Übersetzung von Gudrun Smed-Puknatis
Erstveröffentlichung:
Topolino 1843, 24. März 1991
Deutsche Erstveröffentlichung:
Donald Duck 436, 24. Oktober 1991 (Italien)

Der neueste Schrei (I TL 436-C)
Originaltitel: Paperino e l'auto alla moda
Szenario von Giampolo und Abramo Barosso
Zeichnungen von Giorgio Bordini
Übersetzung von Fabian Gross
Erstveröffentlichung:
Topolino 436, 5. April 1964 (Italien)
Deutsche Erstveröffentlichung

Der Oldtimer (W OS 1184-09)
Originaltitel: The Old Timer
Zeichnungen von Carl Barks
Übersetzung von Dr. Erika Fuchs
Erstveröffentlichung:
One Shots 1184 (Gyro Gearloose),
Mai 1961 (USA)
Deutsche Erstveröffentlichung:
Micky Maus 37/1993, 9. September 1993

Der Autoklau geht um (I TL 1227-BP)
Originaltitel: Topolino e le auto rubate
Szenario von Anne-Marie Dester
Zeichnungen von Massimo De Vita
Übersetzung von Gudrun Penndorf
Erstveröffentlichung:
Topolino 1227, 3. Juni 1979 (Italien)
Deutsche Erstveröffentlichung:
Lustiges Taschenbuch 84, 13. September 1982

100 Jahre Automobil (I TL 1614-AP)
Originaltitel: Zio Paperone e i 100 anni dell'automobile
Szenario von Bruno Concina
Zeichnungen von Guido Scala
Übersetzung von Gudrun Penndorf
Erstveröffentlichung:
Topolino 1614, 2. November 1986 (Italien)
Deutsche Erstveröffentlichung:
Lustiges Taschenbuch 129, 19. Juli 1988

Das Alleskönner-Auto (I TL 2444-4)
Originaltitel: Topolino e gli attrezzi del mestiere
Szenario von Giorgio Martignoni
Zeichnungen von Giorgio Di Vita
Übersetzung von Sérgio Presta
Erstveröffentlichung:
Topolino 2444, 1. Oktober 2002 (Italien)
Deutsche Erstveröffentlichung

Einer wie keiner (D 2006-122)
Originaltitel: Driven To Distraction
Szenario von Carol und Pat McGreal
Zeichnungen von Flemming Andersen
Erstveröffentlichung:
Lustiges Taschenbuch 360, 30. Januar 2007